Linux · LaTeX · KOMA-Script · vim · aspell · gimp

Ein Leitfaden für IT-Entscheider

Helpdesks

Heiner Lennackers, Michael Weber, Sebastian Witzmann

2006

rising systems

rising systems®networks GmbH, Düsseldorf
http://rising-systems.de/

ISBN 10: 3-8334-6073-3
ISBN 13: 978-3-8334-6073-9

Herstellung und Verlag: Books on Demand GmbH, Norderstedt
http://bod.de/

Ein Leitfaden für IT-Entscheider

Helpdesks

Heiner Lennackers, Michael Weber, Sebastian Witzmann

2006

rising systems

rising systems®networks GmbH, Düsseldorf
http://rising-systems.de/

ISBN 10: 3-8334-6073-3
ISBN 13: 978-3-8334-6073-9

Herstellung und Verlag: Books on Demand GmbH, Norderstedt
http://bod.de/

Inhaltsverzeichnis

Inhaltsverzeichnis

Vorwort

Dieser Leitfaden richtet sich an alle, die in irgendeiner Form verantwortlich für die Computer- und Benutzerbetreuung in Ihrem Unternehmen sind. Von der kleinen 2-Mann-Spedition bis hin zum multinationalen Großunternehmen sind die elementaren Probleme der Betreuung von Hardware, Software und Benutzern (neudeutsch: Usern) die gleichen, nur die Varianten und Dringlichkeiten unterscheiden sich.

In nicht allzu strenger Form versuchen wir darzustellen, worauf es bei einem Helpdesk ankommt, was man beachten sollte und was gar nicht geht. Dazu ist es bisweilen auch nötig, die Technik unter die Lupe zu nehmen, zumindest muss man sie immer im Blick behalten, denn von der technischen Ausgestaltung Ihrer Umgebung hängt auch ab, welche Art von Helpdesk Sie in welchem Umfang benötigen. Sie werden sicherlich im Verlauf des Buches merken, wo wir stehen, aber dazu stehen wir auch, wir sind nichts anderes als wir selbst.

Wir, die Autoren, arbeiten an unterschiedlichen Fronten der IT und so werden Sie den ein oder anderen Stilbruch im Buch vorfinden, was leider nicht vermeidbar ist (insbesondere zum kaufmännischen Teil hin). Manche Verständnisebenen sind sprachlich nicht zu vereinbaren oder nur mit übermäßig künstlichen Konstrukten, und wir können uns nur so ausdrücken, wie wir die Welt der IT sehen. Alles andere wäre nicht authentisch.

Sehen Sie uns bitte die Verwendung von „Denglismen" nach, in der IT ist alles Englisch, vieles auch Deutsch, und wenn man mittendrin steht, übernimmt man viele Begriffe einfach wie selbstverständlich. Dieser so genannte „Jargon" wird von einigen zur Kunstform erhoben, wir nutzen ihn bisweilen als Mittel zum Zweck, werden uns aber bemühen, immer mal wieder Erläuterungen für den Laien einzustreuen.

Wir haben seit langen Jahren Erfahrung mit Helpdesks und alle Spielarten schon einmal erlebt, von daher plaudern wir „aus dem Nähkästchen", was meistens einen höheren Leseanreiz bietet als ellenlange Auswertungstabellen, stumpfe, psychologische Definitionen und sonstige normative Ansätze anderer Quellen.

Wir verlassen uns auf zwei Dinge: Fachwissen und gesunden Menschenverstand. Alles andere *kann* man anwenden, *muss* man aber nicht. Es gilt die gute alte 90:10 Regel, 90% Ergebnis mit 10% Aufwand erreichen - für die restlichen 10% muss man den Aufwand um 90% erhöhen und das lohnt selten.

Um es vorwegzunehmen, wir stellen hier keine komplexen Analysen auf, sondern begnügen uns mit einfachen und einleuchtenden Überlegungen. Wenn Sie am theoretischen Unterbau interessiert sind, sei auf das Literaturverzeichnis verwiesen, in dem alle relevanten Schriften aufgeführt sind. Wir sind keine Spezialisten für Outsourcing-Modelle der Banken und Großunternehmen, ebenso wenig können wir den IT-Helpdesk auf alle Facetten der komplexen Modelle abbilden, denn das wird den Anforderungen hier nicht gerecht. Aber wir werden Ihnen alles Notwendige zur Verfügung stellen, um Ihre Entscheidungen fundiert treffen zu können.

Im Jahr 2002 wurden internationale Outsourcing-Verträge im Gesamtwert von fast 33 Milliarden US-Dollar abgeschlossen [9], das heißt viele nutzen inzwischen dieses Mittel, und wir wollen es auch Ihnen nahe bringen.

Die IT (Informationstechnik) ist schnelllebig, aber gerade deshalb muss man ihr auf gewissen Ebenen mit Nachhaltigkeit begegnen, insbesondere müssen Sie den einzelnen Beteiligten Ihrer Helpdesks, den Administratoren und Operatoren, viel Zeit und Aufmerksamkeit widmen.

Gesunde Mittelwege zum Wohle Ihres Unternehmens sind der Weg, der zu entspanntem Arbeiten und guten Gewinnen führt.

Für die Damen (die leider in der IT viel zu selten sind) sei angemerkt, dass wir sprachlich immer die männliche Form wählen, inhaltlich aber beide meinen.

Düsseldorf, im Mai 2006

Teil I.

Problem

1. Ihr Problem

Typischerweise benötigen Unternehmen heute EDV in fast allen Bereichen. Mitarbeiter jeglicher Fachrichtung müssen mit der Unternehmens-IT umgehen. Dabei sind heute die einzelnen EDV-Stationen vernetzt und ein komplexes System liegt dem Netzwerk zugrunde.

Daher stellen sich regelmäßig drei Probleme: Fragen vom Benutzer im Umgang mit immer größer und mächtiger werdender Software. Probleme im Bereich der Struktur – wie Pflege, Wartung etc. Kurzum: Administration. Und schließlich noch der Hardwarebereich im weiteren Sinne: nicht nur die Stationen und die Server selbst, sondern auch die aktiven und passiven Netzwerkkomponenten – die Kabel, der Strom etc.

Je größer der EDV-Bedarf in einem Unternehmen ist, desto vielseitiger und häufiger sind die Probleme; in dem einen Bereich mehr, in dem anderen weniger.

Und wenn es Ihre Aufgabe ist, diese Probleme zu lösen, stehen Sie vor der Frage des „wie".

1.1. Benutzer und Computer

Sie haben die Verantwortung für die Benutzer an Ihren Computersystemen und suchen nach einem Weg, diese Benutzer effektiv bei ihrer Arbeit zu unterstützen, ohne dass Ihr Kerngeschäft übermäßig belastet wird. Manche benötigen etwas mehr Unterstützung als andere, der Kollege aus der nächsten Abteilung hat sich privat einiges angelesen oder vielleicht schon einmal einen Kurs besucht und arbeitet weitestgehend selbstständig. Wieviel Hilfe braucht ein Mitarbeiter bei der täglichen Arbeit mit dem Computer? Braucht er überhaupt Hilfe und wenn ja, wer kann ihm helfen?

Im kleinen Rahmen wird es sicherlich ausreichen, wenn einer der Kollegen die Computer- und Benutzerbetreuung nebenher macht, aber sobald das ein gewisses Maß übersteigt, ist die Produktivität Ihrer Kernbereiche gefährdet, und Sie müssen über eine eigene Struktur nachdenken.

1.2. Eigene Mitarbeiter oder Fremdfirma

Eine der grundlegendsten Entscheidungen, die Sie treffen müssen, ist, ob Sie eigene Mitarbeiter für die EDV-Betreuung einsetzen möchten oder ob Sie besser eine Fremdfirma damit beauftragen. Beide Varianten haben Vor- und Nachteile, die wir hier im Einzelnen besprechen wollen.

Es ist die klassische „Make-or-Buy-Entscheidung" - einkaufen oder selber machen?

1.2.1. Eigenes Personal

Eigenes Personal ist immer unter Ihrer Kontrolle, Sie bestimmen wann es wo und wie eingesetzt wird und kennen diese Mitarbeiter vielleicht auch seit längerer Zeit persönlich. Es besteht ein Vertrauensverhältnis, das sich oft aus dem Anstellungsverhältnis an sich begründet. Oft wird einem Mitarbeiter schon allein deshalb Vertrauen entgegengebracht, weil er schon länger in Ihrem Unternehmen tätig ist. Das ist an dieser Stelle nicht sinnvoll, weil es nichts aussagt über Ihre Probleme beziehungsweise deren Lösung.

Allerdings resultieren aus dem Einsatz eigener Mitarbeiter auch entsprechende Verpflichtungen als Unternehmer: Sie müssen Gehälter zahlen, Sie tragen die Sozialversicherungsleistungen und das gesamte Risiko von zum Beispiel krankheitsbedingtem Ausfall, Elternzeit, und so weiter. Als Abteilungsleiter verfügen Sie vielleicht nicht über ausreichend Personal, und es wird Ihnen auch nicht zur Verfügung gestellt.

Wenn einmal mehr zu tun ist, fehlt Ihnen gegebenenfalls Personal, ist einmal weniger zu tun, müssen Sie Ihre Angestellten trotzdem bezahlen.

Eigene Mitarbeiter könnten allerdings mehr am Wohl Ihrer Firma interessiert sein, als das ein außenstehender Dienstleister wäre. Sie haben unter Umständen eine höhere Ergebnisqualität, die aber nur bei entsprechender fachlicher Qualifikation der jeweiligen Mitarbeiter gegeben ist. Hingegen können Sie einen Dienstleister ganz anders angehen, wenn er seine Leistungen nicht wie vereinbart erbringt, als Sie das üblicherweise mit Angestellten tun würden oder auch nur könnten.

Tabelle 1.1.: Eigene Mitarbeiter, Vor- und Nachteile

Vorteile	Nachteile
etablierte Vertrauensbasis	laufende Personalkosten
bessere Weisungsbefugnis	Ausfallrisiko

1.2.2. Fremdfirma

Die Beauftragung einer Fremdfirma mit einem internen Prozess (das so genannte Outsourcing) ist für Sie ein simpler Geschäftsvorgang. Es wird eine Dienstleistung zu einem definierten Preis eingekauft, und wie der Dienstleister seinen Teil der Abmachung erfüllt, ist nicht mehr Ihr Problem. Sie gewinnen erheblich an Flexibilität, weil Sie sich nicht mehr um die Details kümmern müssen. Sie haben einen festen Berechnungsposten (zum Beispiel jeden Monat einen festen Betrag), der Ihre Kalkulationen vereinfacht und Sie von (fast) jeder Eigeninitiative befreit.

Sie geben auch einen guten Teil des Risikos ab, und das ist aus kaufmännischer Sicht oft interessant. Ein gewisses Risiko stellt einen entsprechenden Geldwert für Sie dar, wenn Sie die Leistungen an einen anderen übertragen können für weniger als den Gegenwert des Risikos an sich, dann sind Sie (zumindest auf der Kostenseite) gut aufgestellt, sofern nicht andere Faktoren gegen eine Risikoauslagerung sprechen.

Sie geben damit allerdings auch einen gehörigen Vertrauensvorschuss, denn schließlich müssen Sie eine andere Firma relativ dicht an Ihre eigentliche Arbeit heran lassen – man kann nur betreuen, was man auch sehen kann – und vielleicht ist Ihnen das aus verschiedenen Gründen nicht recht. Vielleicht weil Sie bereits schlecht Erfahrungen mit Industriespionage gemacht haben oder einfach, weil Ihr Betrieb schon immer so familiär war, dass fremde Mitarbeiter als Störfaktor empfunden würden.

Eine weitere Gefahr ist der Know-How-Verlust und die bisweilen relativ hohe Abhängigkeit. Wenn der Dienstleister das Wissen um Ihre Umgebung nicht kommuniziert und dokumentiert, kann die Abhängigkeit (entsprechende Skrupellosigkeit beim Vertragspartner vorausgesetzt) für Sie sogar existenzbedrohend werden.

Mit einem Dienstleister können Sie sich aber voll und ganz auf Ihr Kerngeschäft konzentrieren und effizienter Ihre eigentlichen Probleme lösen („Do what you can do best – outsource the rest").

Im Jahr 2002 wurden internationale Outsourcing-Verträge im Gesamtwert von fast 33 Milliarden US-Dollar abgeschlossen [9], das heißt viele nutzen inzwischen dieses Mittel.

Tabelle 1.2.: Outsourcing, Vor- und Nachteile

Vorteile	Nachteile
volle Kostenkontrolle	starke Einflussnahme
höhere Flexibilität	hohe Abhängigkeit
höhere Effizienz	weniger Entscheidungsfreiheit
Optimierung in allen Bereichen	Datenschutzbedenken, allg. Firmensicherheit
Zugriff auf hohes Potential	geringere Service-Qualität möglich
Redundanzvermeidung	gegebenenfalls rechtliche Probleme (zum Beispiel Personalübergang)

Outsourcing

„In der Literatur finden sich zum Thema fast 40 Komposita mit der Silbe „-sourcing", die oftmals mit unterschiedlichen Begriffen dasselbe und mit denselben Begriffen Unterschiedliches bezeichnen."

So erläutert Holger von Jouanne-Diedrich in seinem Bericht [10] das derzeitige Babel der Begrifflichkeiten.

Outsourcing ist ein Kunstwort aus „Outside", „Resource" und „Using", das ganz allgemein die langfristige beziehungsweise endgültige Vergabe von Leistungen an externe Anbieter beschreibt [9, S.3].

Es ist nicht Aufgabe dieses Leitfadens, den Begriff vollständig zu definieren. Wir benutzen ihn hier im Hinblick auf ein selektives Outsourcing bestimmter Tätigkeiten in der IT, speziell der Helpdesks. Man nennt diese Variante auch „Smart Sourcing"

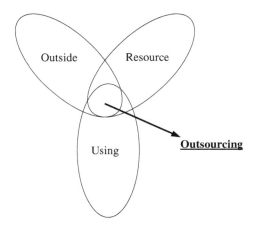

Abbildung 1.1.: Outsourcing

Während hier nur einzelne Aspekte ausgegliedert werden, ist bei anderen Outsourcing Varianten der Anteil der ausgegliederten Bereiche und Funktionen zum Teil deutlich höher; so wird zum Beispiel beim B P O (Business Process Outsourcing) ein kompletter Teil Ihres Unternehmens abgegeben [11].

1.3. Gegenläufige Interessen

Sie sollten beim Outsourcing auch beachten, dass die Mitarbeiter Ihres Unternehmens unterschiedlich auf das Vorgehen reagieren können.

1. Ihr Problem

Die Interessenlage in Ihrem Unternehmen lässt sich anhand zweier gegen-
läufiger Pyramiden darstellen. Auf der einen Seite steht Ihre IT-Struktur
mit Mitarbeitern und Management und dagegen das umgekehrt proportio-
nale Verhältnis des Interesses am Outsourcing (vergleiche auch [11, S.21]).

Sie sollten dies im Hinterkopf behalten, wenn Sie auf die ein oder anderen
Probleme stoßen.

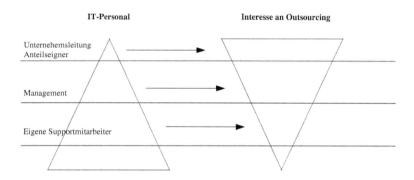

Abbildung 1.2.: Gegenläufige Interessenlage

1. Ihr Problem

2. Entscheidungshilfe

Sie haben nun einige typische Problemstellungen bei der Lösungsfindung vorgestellt bekommen.

Unter Beachtung all dieser Kriterien und Ihrer individuelle Bedürfnisse und speziellen Fragestellungen nähern Sie sich der Antwort. Der Antwort auf die Grundsatzfrage: „Mache ich es selbst oder kaufe ich es ein?" [42]

Um die grundsätzliche Entscheidung etwas übersichtlicher zu gestalten, wollen wir Ihnen ein kleines Entscheidungsraster anbieten, das eigentlich nur noch einmal die Fragestellungen der vorangegangen Abschnitte konzentriert.

Vergeben Sie bei jeder Aussage einen Faktor, der auf einer Skala von 1 bis 3 das Gewicht darstellt, denn nicht jede Aussage ist gleich entscheidend für Sie.

Verteilen Sie dann für jede Aussage 10 Punkte auf Pro und Kontra.

Am Ende addieren Sie beide Seiten auf, wobei Sie jeden Einzelwert noch mit dem notierten Faktor F multiplizieren. Dies stellt für Sie einen ersten Ansatz dar, ob Sie nun outsourcen sollten oder nicht. Dieses Entscheidungsraster, das ganz am Anfang Ihrer Überlegungen steht, berücksichtigt nicht die Art und Weise, mit der Ihre Entscheidung später umgesetzt wird, es ist nur ein Hinweis für Sie, was sinnvoll ist und was vielleicht weniger sinnvoll ist. Nach der vollständigen Lektüre dieses Leitfadens empfehlen wir Ihnen, das Entscheidungsraster noch einmal auszufüllen und die Ergebnisse zu vergleichen.

In unserem Beispiel errechnet sich eine Punktwertung von 85:74 zugunsten eines Outsourcings.

Wenn Sie sich entschieden haben die IT-Services einzukaufen – also outsourcen – dann können Sie mit den nachfolgenden Seiten eine interessante Perspektive erhalten. Nutzen Sie die Chance, die nun anstehenden Aufgaben leichter zu bewältigen.

Tabelle 2.1.: Entscheidungshilfe

Aussage	F	Pro	Kontra
Meine IT gehört nicht zum Kerngeschäft			
Ich habe hohen Kostendruck			
Die Qualität meiner IT ist unzufriedenstellend			
Personalabhängigkeiten sind kein Problem			
Meine IT ist unflexibel			
Mittelfristig reicht meine IT nicht aus			
Die operative Abhängigkeit ist gering			
Datenschutz ist kein Problem			

Tabelle 2.2.: Beispiel eines ausgefüllten Entscheidungsrasters

Aussage	F	Pro	Kontra
Meine IT gehört nicht zum Kerngeschäft	3	4	6
Ich habe hohen Kostendruck	1	2	8
Die Qualität meiner IT ist unzufriedenstellend	1	5	5
Personalabhängigkeiten sind kein Problem	2	6	4
Meine IT ist unflexibel	3	7	3
Mittelfristig reicht meine IT nicht aus	2	6	4
Die operative Abhängigkeit ist gering	2	5	5
Datenschutz ist kein Problem	3	7	3
Es gibt viele separierte EDV-Enklaven	1	8	2
Moderne Entwicklungen sind hochinteressant	1	4	6

Teil II.

Struktur

3. Was ist ein Helpdesk?

Ein Helpdesk ist erst einmal nichts weiter als die Ansammlung von ein oder mehr Supportern, mit zum Teil qualitativ und quantitativ unterschiedlichen Qualifikationen, die in der Lage sein sollten, die Probleme der User zu lösen. Wenn die Welt so einfach wäre, gäbe es keine Probleme mehr; leider sieht die Realität um einiges anders aus. Vor allem komplexer.

Abhängig davon, was Ihr Unternehmen herstellt oder leistet, haben Sie mehr oder weniger hohe Ansprüche an Ihre Computersysteme, im allgemeinen IT genannt. Darunter fallen immer öfter auch alle Bereiche der Telekommunikation (Standardtelefonie, IP-Telefonie, Videokonferenzen etc.).

Die IT selber differenziert sich grob in drei Bereiche

1. Infrastruktur. Hierzu zählen Verkabelungen, Internet-Anschlüsse, Netzwerkkomponenten wie Switches und Hubs (die Verteilerstationen Ihres LAN (Local Area Network)).

2. Serversysteme. Hier finden sich Datenbankserver, Druckserver, Fileserver, Sicherungssysteme, kurz: alles, was den normalen Benutzer nicht interessiert, er aber trotzdem braucht – meist ohne dass er es weiß.

3. Benutzersysteme. Also der Desktopcomputer des Angestellten, Laptops, Peripherie (zum Beispiel CD-ROM Laufwerke oder USB-Sticks), dazu Drucker, Handhelds und was Ihre Benutzer so gerne „benutzen".

Die Betreuung erfolgt durch verschiedene Abteilungen mit unterschiedlichen Aufgabenstellungen, diese fasst man unter dem Begriff IT-Services zusammen. Der Helpdesk ist ein Teil dieser IT-Services und wird hier weitestgehend stellvertretend verwendet, denn der Begriff ist zum einen geläufiger, und zum anderen wird er in der Realität ohnehin oft stellvertretend genutzt.

3. Was ist ein Helpdesk?

Es gibt für verschiedene Spezialbereiche Helpdesks in unterschiedlich starken Ausprägungen, die zum Beispiel für eine spezielle Software in Ihrem Unternehmen zuständig sein können oder nur Drucker betreuen. Es soll im Rahmen dieses Leitfadens primär um Helpdesks der Systembetreuung gehen, die Darstellungen sind aber auf andere Helpdesks übertragbar, wenn auch meistens dann sehr spezifisch mit eng umrissenem Aufgabengebiet – die Systembetreuung streut naturgemäß breiter. Das beinhaltet nicht nur den Kontakt mit dem Benutzer, sondern auch die Betreuung der Umgebung als solcher (I T-Services), um den Benutzern die Arbeit so angenehm wie möglich zu machen.

4. Hierarchie

Ein Helpdesk ist, je nach Größe, mehr oder minder stark unterteilt und ausdifferenziert.

Im Allgemeinen unterscheidet man drei verschiedene Stufen, neudeutsch „Level"; diese Level werden meistens nicht wie hier dargestellt eingehalten. Jedes Unternehmen hat Mischformen aus diesen Idealtypen, aber wenn Sie gerade einen neuen Helpdesk aufbauen müssen, sind die Definitionen gute Wegweiser und haben sich in der Realität bewährt.

4.1. Erste Supportstufe / 1st Level

Der 1st Level behandelt in der Regel die Probleme, welche den Usern am nächsten stehen. Es kann noch eine spezielle Callannahme[1] vorgeschaltet sein, die vereinfacht als Übersetzungsinstanz dient, denn in der Regel weiß der User nicht, wie er dem Supporter etwas darstellen muss, damit dieser weiß, was das Problem ist. Meist macht aber der 1st Level auch direkt die Callannahme.

Dabei sind zwei Wege üblich: Zum einen die telefonische Störungsmeldung oder die Nutzung einer internen Software (Ticketsystem)

Im Anschluss an die Callannahme wird der 1st Level das Problem sofort qualifizieren, das heißt es wird kategorisiert.

Der 1st Level wird nach der Kategorisierung Probleme bearbeiten, die ein Benutzer auch selber lösen könnte, wenn er das nötige Wissen hätte, das heißt der 1st Level Support arbeitet in der Regel auf dem Niveau von Standard-Benutzerrechten ohne besondere Systemprivilegien.

Alles was er nicht lösen kann, gibt er an den nächsten Level weiter.

---

[1] telefonische Störungsannahme

1st Level Support gibt es in der Regel nur für Benutzersysteme, nicht für Server oder Infrastrukturkomponenten. Die Klassifizierung, ob ein Problem dieser Bereiche vorliegt, müssen die Supporter treffen. Der Benutzer hat nur ein einziges Problem, er kann nämlich nicht arbeiten, und ihm ist egal, warum das so ist.

Wenn es 1st Level Support für verschiedene Systeme (zum Beispiel Windows oder UNIX) oder Komponenten gibt (zum Beispiel Telefonie oder Arbeitsplatzrechner), werden zum einen Ihre User immer mal wieder den falschen Helpdesk anrufen. Zum anderen werden Probleme vom 1st Level falsch erkannt und an den falschen 2nd Level weitergegeben werden. Das ist durchaus nicht unüblich und passiert sehr häufig, wenn Sie keine zentrale Annahmestelle haben (siehe Seite 23, SPOC).

4.2. Zweite Supportstufe / 2nd Level

Der 2nd Level Support bearbeitet alle Probleme, die der 1st Level nicht lösen kann und betreut Ihre Infrastruktur mit Augenmerk auf die Einhaltung von Vorgaben, technischen Aspekten und natürlich die Benutzer. Seine meiste Arbeit erledigt er nach Ihren Vorgaben im Hintergrund, die Benutzer merken oft genug nichts davon.

Normalerweise verfügen die Administratoren des 2nd Level über alle notwendigen Systemprivilegien (unter UNIX root-Rechte, unter Windows Administrator-Privilegien etc.), um alle relevanten Systeme ihres Bereiches (zum Beispiel alle UNIX-Workstations der Benutzer) bis ins Kleinste verwalten zu können. Komplexere Applikationsprobleme landen, sofern kein spezieller Helpdesk dafür zuständig ist, auch hier.

Sobald auch der 2nd Level nicht mehr weiter weiß, kommt der 3rd Level ins Spiel.

4.3. Dritte Supportstufe / 3rd Level

Der 3rd Level Support ist das Herz Ihrer IT, hier sitzen die wahren Spezialisten.

Diese Administratoren sind meist in der Lage, eine Maschine sowohl mit dem Schraubendreher, als auch mit dem Texteditor so auseinander zunehmen, dass sie nahezu jeden Fehler aufspüren, zumindest aber einwandfrei identifizieren können (bei Hardwareproblemen bleibt dann meist nur der Anruf beim Hersteller oder Ersatzteil-Lieferanten). Diese „Gurus" werden in der Regel nicht mit Useranfragen konfrontiert, dafür gibt es 1st und 2nd Level. Diese Administratoren können alles, was die anderen auch können und vieles mehr, sie blicken meist weit über den Tellerrand hinaus und haben ein tiefes Verständnis der gesamten I T-Struktur Ihres Unternehmens, das oft über Jahre erworben wurde.

2nd und 3rd Level werden gerne zusammengefasst.

4.4. Konsequenz

Die klassische Dreiteilung hat zur Konsequenz, dass unterschiedliche Qualifikationen eingekauft werden müssen. In der Regel wird der 1st Level bis zu viermal mehr Personalstärke aufweisen als der 3rd Level. Dafür wird ein 3rd Level Administrator auch mit einem wesentlich höheren Preis angeboten werden.

4. Hierarchie

5. Separation

Jeder der drei großen Bereiche (Infrastruktur, Server, Enduser) verfügt im Prinzip über mindestens zwei der drei Support-Level (manchmal in eigenen Abteilungen, manchmal in einer Person vereint, ganz nach Größe und Bedarf des Unternehmens), das heißt: unter Umständen stehen sich viele Abteilungen gegenüber, und nicht immer weiß jede, was die andere tut.

Es wird immer wieder passieren, dass der 1st Level Probleme falsch qualifiziert und dann zum Beispiel an die Kollegen zum Netzwerksupport weitergibt, obwohl (zumindest für den 2nd Level UNIX-Support) völlig klar ist, dass das Problem da nichts zu suchen hat.

Der 2nd Level Netzwerksupport wird das Problem gleich wieder zurückgeben mit dem Kommentar „Nicht zuständig". Die Realität zeigt, dass eine Rückfrage seitens des 1st Level der Form „Wer denn dann", meistens unqualifiziert mit „Nicht mein Problem, such selber" quittiert wird. Hier müssen Sie eingreifen und für saubere Kommunikationsstrukturen sorgen. Überhaupt ist Kommunikation das große, zentrale Problem der meisten I T-Spezialisten, denn die sind sehr eigenbrötlerisch. Es sind oft Individualisten – insbesondere im 2nd und 3rd Level. Die Sozialkompetenz ist bisweilen nur gering ausgeprägt[1].

Sie werden beobachten, dass Ihre Teams sich voneinander separieren. Zum einen werden Microsoft-Supporter von den UNIX-Freaks gemieden – umgekehrt ist es auch nicht besser. Die einen verstehen nicht, dass man Serversysteme mit grafischer Oberfläche unbedingt haben muss, die anderen weigern sich zu begreifen, dass Microsoft nicht das Maß aller Dinge ist. Verhärtete Fronten auf allen Seiten.

Um ein produktives und professionelles Arbeitsklima zu schaffen und um die Vorteile aller I T-Welten für Ihr Unternehmen positiv zu nutzen, sollten

---

[1] Ein ernst gemeinter Tipp: Für einen Einblick in die Personlichkeitsstruktur Ihrer Supporter werden Sie sicherlich im Anhang B des Jargon-Files fündig: http://jargon.org/html/appendixb.html.

Sie die verschiedenen Gruppen gegebenenfalls räumlich ein wenig separieren. Da die Kommunikation im Sinne des Supports ohnehin über Email oder Ticketsysteme abgewickelt wird, stellt dies auch kein Hindernis dar.

6. Kommunikation

Kommunikation ist das A und O in der IT. Nicht nur die verschiedenen Systeme kommunizieren miteinander, ebenso kommunizieren die Benutzer untereinander, die Benutzer mit dem Support, die Supporter untereinander (oder auch nicht) etc.

Das bedeutet für Sie als Verantwortlicher, dass Sie hier Ihr Augenmerk zuerst drauf richten müssen. Denn ohne Kommunikation kommen Sie nicht weit. Die Benutzer sind auf Kommunikation der Probleme und Lösungen angewiesen, und im Bereich Ihres Supports entsteht nur durch ausreichende Kommunikation auch Teamwork.

Dazu gehören natürlich auch Meetings. Alle Supportgruppen sollten sich in regelmäßigen Abständen mit dem Management und Vertretern der Benutzer an den berühmten runden Tisch setzen und alle Probleme erörtern, die bei der täglichen Arbeit aufgelaufen sind.

6.1. Single Point of Contact – SPOC

Es ist sinnvoll, Ihren Benutzern einen zentralen Ansprechpartner zur Verfügung zu stellen. Kaum ein Benutzer wird sich erst Gedanken darüber machen wollen, welchen Helpdesk er bei seinem spezifischen Problem nun anrufen soll (und darf). Er will vielmehr sein Problem jemandem darstellen, der ihn dann gegebenenfalls weiter vermittelt oder das Problem entgegennimmt und intern weiterleitet. Diesen Ansprechpartner, beziehungsweise diese Gruppe, nennt man SPOC. Wir verwenden den Begriff „zentrale Callannahme" analog.

Somit kann der Benutzer sich zügig wieder seiner Arbeit zuwenden und muss sich nicht mit Dingen belasten, die er nicht kennt, nicht verstehen kann und will. Es wäre unproduktiv, wenn er das täte, und dafür wird er auch nicht bezahlt.

Im Hinblick auf den Helpdesk müssen Sie zunächst einmal sicherstellen, dass Ihre Benutzer denselben erreichen können und auch wissen, *wie* sie ihn erreichen. Eine leicht zu merkende, unternehmensweit einheitliche Telefonnummer bietet sich an, zum Beispiel 43573375 wenn Sie alphanumerische Beschriftungen auf Ihren Telefonen haben (H E L P D E S K, eine sogenannte Vanity-Rufnummer), oder eine prägnante Kurzwahl wie 12345 oder 99999.

Vorzugsweise sollten Sie jeden Support-Arbeitsplatz mit einem eigenen Telefon ausrüsten und die der Callannahme unter der gewünschten Nummer in einer Teilnehmergruppe zusammenschließen – vorausgesetzt natürlich, dass Sie so viel Bedarf haben.

Wenn Sie ein kleineres Unternehmen betreuen, werden Sie das entsprechend anpassen müssen.

Des Weiteren sollte es noch mindestens eine Kontaktmöglichkeit auf elektronischer Basis geben, vorzugsweise mit einer allgemein gültigen Schnittstelle. Hier bietet sich an, ein Webinterface (also eine kleine interne Webseite) zu erstellen, dessen Adresse Sie ebenso wie die Telefonnummer propagieren. Hier sind dann auch noch mal alle relevanten Kontaktdaten und gegebenenfalls persönliche Ansprechpartner aufgelistet.

Dazu hat eine Webseite den Vorteil, dass Sie Ihre gesamte verfügbare Dokumentation hier für Ihre Benutzer anbieten können, die eine oder andere Anfrage spart das sicher. Sie können dort elektronische Handbücher für Ihre Software platzieren, F A Q (Frequently Asked Questions) erstellen oder interne Richtlinien zur Verfügung stellen.

Kontaktaufnahme mit dem Support via Email ist selten empfehlenswert, weil durch die fehlende Interaktivität keine Rückfragen gestellt werden können – und die sind fast immer nötig, weil User selten ihre Probleme technisch korrekt wiedergeben.

Besser ist ein Ticketsystem (es gibt kommerzielle Lösungen mit mehr Optionen, als Sie meist brauchen), das auch gerne selbst erstellt werden kann. Ein ambitionierter Scripter (jemand der kleine Programme schreibt) findet sich in jedem größeren Supportumfeld.

Ein Ticketsystem bietet zudem die Möglichkeit des Trackings, das heißt jeder Bearbeiter kann seinen Kommentar hinzufügen, den Button „Problem gelöst" betätigen oder das Ticket an einen anderen Helpdesk zur Bearbeitung weiterreichen. Der Informationsverlust ist fast Null, und wenn das gleiche Problem in der Zukunft noch einmal auftritt, kann man durch eine

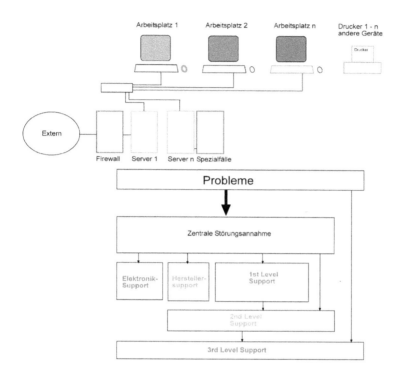

Abbildung 6.1.: Single Point of Contact

Eine mögliche Helpdeskhierarchie. Der 3rd Level arbeitet zum Teil proaktiv. Gleichzeitig beanspruchen verschiedene Arbeitsplätze unterschiedliche Ebenen des Helpdesks, wobei alle Useranfragen bei der zentralen Störungsannahme zusammenlaufen. Selbstverständlich arbeiten auch die anderen Level an Hardwareproblemen und reichen sie entsprechend weiter, ebenso kommunizieren alle Ebenen auch mit den Benutzern bei Rückfragen.

Recherche im Ticketarchiv die Lösung diesmal wesentlich schneller präsentieren.

Außerdem hat ein Ticketsystem für Sie einen weiteren Vorteil, denn es macht Arbeit in gewissen Grenzen messbar (siehe Seite 93, MTTR)!

Üblicherweise gibt es immer die User, die lieber einen anderen anrufen, um ihr Problem in epischer Breite zu erläutern, andere kopieren lieber eine Systemfehlermeldung direkt in ein Ticket und schicken es ab. Entsprechende Benutzererkennung vorausgesetzt kann das System automatisch erfassen, von wem das Ticket versendet wurde, um welchen Rechner und welches Betriebssystem es geht und kann schon eine automatische Vorauswahl des entsprechenden Helpdesks treffen.

Auch dynamische Systeme sind sehr hilfreich. Diese können vom Supportpersonal selber so konfiguriert werden, wie es die aktuelle Situation gerade erfordert, zum Beispiel:

> Sie haben festgestellt, dass Ihre 5000 Windows-PCs über Nacht mit Viren infiziert wurden. Sie kennen das Problem und wollen nicht von allen 5000 Usern einzeln darauf hingewiesen werden, denn das blockiert die Telefonleitungen und bindet unnötig Personal.

> Ihre Supporter könnten dann zum Beispiel hingehen und eine automatisierte Telefonansage einblenden: „Derzeit sind einige PCs mit Viren befallen, wir arbeiten an der Lösung des Problems. Wenn Sie ein anderes Problem melden möchten, drücken Sie bitte die Rautetaste".

> Zusätzlich bekommt das Ticketsystem für die Meldeklasse „Viren" eine automatische Bearbeitungsroutine, die das Ticket gleich als geschlossen markiert und dem Benutzer eine Mail schickt, die kurz erläutert, dass man an dem Problem schon arbeitet.

So verhindern Sie, dass Ihre Supporter 5000 mal dasselbe sagen müssen oder 5000 Tickets von Hand zu schließen haben. Hohe Effizienz bei geringem Aufwand.

Darüber hinaus bietet Ihnen ein Ticketsystem zum Beispiel eine Trendanalyse. Sie können in entsprechenden (recht simplen) Auswertungen sehr früh erkennen, ob eine bestimmte Software in der neuen Version mehr Probleme macht als in der alten, ob die PCs eines bestimmten Herstellers mehr Hardwaredefekte haben als andere etc.

Moderne Ticketsysteme bieten solche Funktionen im Überfluss an. Aber nur selten muss man wirklich so viel Geld ausgeben. Mit OpenSource (siehe Kapitel VII, OpenSource) lassen sich 99% aller Probleme lösen und das sehr kostengünstig und wartungsfreundlich.

6.2. Single Point of Failure – SPOF

Sie müssen dafür sorgen, dass keine Ihrer Strukturen, insbesondere Ihr SPOC, nicht zu einem SPOF wird. Wenn Ihr SPOC, Ihre zentrale Problemannahmestelle, ausfällt, fällt Ihr gesamtes Helpdesk-Konstrukt in sich zusammen. Je nach der verfügbaren Infrastruktur kann man die zentrale Telefonanlage redundant auslegen, gegebenenfalls die Rechner der zentralen Callannahme auf mehrere Stromkreise verteilen, ...

Der Paranoia sind hier nur wenige Grenzen gesetzt.

Eine Anekdote aus der Realität:

Ein Rechenzentrum bereitet sich auf den nächsten großen Testlauf vor. Es wurden zuvor neue Stromleitungen verlegt, mehrere neue USV wurden installiert, alle Serversysteme wurden jeweils an mehrere Stromkreise angeschlossen und vieles mehr.

Beim entscheidenden Testlauf funktioniert zunächst alles wie geplant. Zuerst werden einzelne Stromkreise abgeschaltet, kein Serversystem fällt aus. Schließlich wird der Strom für das gesamte Gebäude abgeschaltet, aber die Rechner laufen (dank USV) weiter. Nach einer definierten Zeit will eine Steuerelektronik die Dieselaggregate hochfahren, weil die USV auch nur für einige Minuten Strom liefern, um kleinere Ausfälle zu überbrücken, und mit einem Mal beginnt die Katastrophe. USV um USV fällt aus, und die Rechner stürzen stromlos ab, beziehungsweise. fahren in einen inaktiven Zustand.

Was war passiert? Bei der Befüllung der Dieseltanks wurden die Einfüllstutzen verwechselt und die Tanks leider mit Wasser, statt mit Brennstoff aufgefüllt.

Zugegeben, das ist selten, aber es ist ein typischer SPOF.

Öfter anzutreffen sind wichtige Serversysteme, die zwar in einigen Bereichen redundant ausgelegt sind (zum Beispiel indem sie über mehrere Stromkreise verfügen), deren Netzwerkanbindung aber *nicht* redundant ausgelegt ist. Fällt jetzt der Stromkreises aus, auf dem die Netzwerkkomponenten (Hub, Switch etc.) sich befinden, nützt die gesamte mehrfach ausgelegte Anbindung des Servers nichts mehr – sie haben einen S P O F.

In aller Regel kann man S P O F s vermeiden, wenn man alles vom Benutzer bis zum jeweiligen Gerät (hier zum Beispiel ein Server) auf einem Blatt Papier aufzeichnet und dann jede Komponente einmal im Geiste ausfallen lässt. Sehr schnell zeigen sich dann die Schwachpunkte eines Konstruktes, sofern Sie es vollständig erfasst haben. Arbeiten Sie sich über einfache Fragestellungen zur Struktur vor, zum Beispiel

- „Die Daten wandern von A nach B"

- „Wie kommen sie dahin?"

- „Über das Kabel und die Netzwerkkomponenten."

- „Ist das Kabel/sind die Netzwerkkomponenten redundant?"

Mit ähnlichen Fragestellungen zum Beispiel zum Stromanschluss des Servers werden Sie alle möglichen Fehlerquellen nach und nach identifizieren und beheben können.

7. Die Art der Umgebung

Entscheidend für die Struktur des Helpdesks ist die Umgebung für die er tätig werden soll. Um den Helpdesk mit den korrekten Mitarbeitern zu besetzen, sollten Sie genau wissen, wie überhaupt Ihre IT strukturiert ist und wofür Sie sie eigentlich benötigen. Ist es eine Schlüsseltechnologie, oder geht es zur Not auch zwei Tage ganz ohne? Die hier getroffene Unterteilung ist im Prinzip willkürlich und überlappend, sollte aber einen Überblick über die Eigenschaften jeder Umgebung geben können.

7.1. Die Chaos-Umgebung

Eine gewachsene Umgebung, die jede neue Idee in Form von individuellem Wildwuchs mitgemacht hat, ist schwer zu administrieren. Jeder Rechner, jeder User hat seine Spezialitäten, und alle wollen gleichmäßig kompetent betreut sein. In einer solchen Umgebung benötigen Sie entweder viele Admins (alternativ einen Genius) oder für einen begrenzten Zeitraum eine Task-Force[1], die Ihre Umgebung standardisiert und besser wartbar macht.

Jede Lösung eines Problems wird hier mindestens zwei weitere nach sich ziehen. Aber Administratoren aus solchen (meist kleinen) Umgebungen haben das Chaos im Griff und sind meist in der Lage, Nebeneffekte abzuschätzen. Wenn nicht, sollten Sie sich neue Administratoren suchen oder eine Standard-Umgebung herstellen – das kann durchaus auch für sehr kleine Netzwerke Sinn machen, denn Standards lassen sich nun einmal bei gleicher Zielsetzung kostengünstiger verwalten als Individualismen.

Sollten Sie eine Chaos-Umgebung bisher *gar nicht* verwalten, wird selbstverständlich mit einer standardisierten und administrierten Umgebung der Kostenaufwand steigen. In der Regel erhalten Sie dafür aber auch eine höhere Güte. Es kann im Einzelfall Sinn machen, eine Chaos-Umgebung zu

---

[1] Eine Gruppe von Experten, die Sie für diese spezielle Aufgabe zusammenstellen.

behalten, nämlich dann, wenn die dortige (sehr kleine) Gruppe von Mitarbeitern anders nicht in der Lage ist zu arbeiten.

Wenn Ihr Unternehmen im Bereich der Buchhaltung tätig ist, wird das eher kein Problem sein. Eine kleine Werbeagentur lebt unter Umständen von diesem Chaos. Sie müssen individuell sicherstellen, dass Sie sich keine Werte zerstören.

Aus Sicht des Administrators ist und bleibt eine solche Umgebung aber eine Herausforderung der unangenehmen Art und wird im Verhältnis sehr viel mehr Arbeit benötigen als eine standardisierte Struktur.

7.2. Die Standard-Umgebung

Hier ist alles stark standardisiert, die zu installierende Software meist wohldefiniert, die Prozesse zur Installation und Administration zumindest im Ansatz vorhanden. Für eine solche Umgebung benötigen Sie weniger Administratoren als für eine Chaos-Umgebung gleicher Größe. Meistens finden sich solche Umgebungen in größeren Unternehmen, die ebenfalls über mehrstufige Helpdesks verfügen. Im Bereich des 1st Level lässt sich hier durchaus an der Qualifikation der Mitarbeiter sparen (was den Kosten zuträglich ist), ab dem 2nd Level wird es unter Umständen aber schwieriger, Sie brauchen hochqualifizierte Administratoren, denn in einer standardisierten Umgebung darf ein Problem niemals isoliert betrachtet werden. Ihre Mitarbeiter müssen die Fähigkeit besitzen, jedes individuelle Problem im Rahmen des Standards zu lösen – das kann schwieriger sein, als es einfach nur zu lösen (was bisweilen trivial ist und erst durch den Standard zur Herausforderung wird).

Sie können eben nicht in einer Standard-Umgebung „mal eben" einen Grafikkartentreiber austauschen, es kann sein, dass die Software der Nachbarabteilung sich auf eine bestimmte Version verlässt und dann nicht mehr funktioniert.

Im Ergebnis aber wird in allen drei Supportleveln weniger Personal benötigt als in einer Chaosumgebung, die vergleichbar betreut werden soll.

7.2.1. Schwierigkeiten mit der Standard-Umgebung

Während eine standardisierte Umgebung für den Helpdesk die Dinge vereinfacht, kann das für Ihr Unternehmen und Ihre Benutzer ganz anders aussehen. Dadurch, dass Sie auf eine Standardpalette von Hard- und Software festgelegt sind, nehmen Sie sich unter Umständen die Flexibilität, die Sie eigentlich benötigen, um auf neue Anforderungen zu reagieren. Es kann dann Sinn machen, absichtlich und unter kontrollierten Bedingungen eine Enklave mit abweichenden Elementen zu etablieren. Achten Sie darauf, dass diese Einheiten abseits Ihres Standards ständig unter Kontrolle sind und sich nicht zu Shadow-IT (siehe Seite 45, Shadow-IT) auswachsen oder sich zu stark mit Ihrer Standard-Umgebung verzahnen. Die dann entstehende Misch-Umgebung wollen Sie vielleicht gar nicht. Sie werden sie aber nicht mehr ohne weiteres wieder los.

7.3. Die Misch-Umgebung

Der Hybrid. Diese Umgebung finden Sie meistens in der Realität vor, besonders in großen Unternehmen. Ein Company-Standard zum Wohle aller, aber es gibt einige Teilbereiche, die sind gleicher als andere und werden immer nach eigenen Lösungen streben.

Während drumherum der Standard die Arbeit vereinfacht, finden sich in diesen Enklaven die phantastischsten Auswüchse – uralte Hardware und Betriebssysteme (zum Beispiel zur Steuerung eines bestimmten Prozesses, dessen Hersteller leider vor fünf Jahren die Pflege eingestellt hat), Software mit Spezialmodifikationen (die natürlich zum Standard völlig inkompatibel sind) etc. Diese Enklaven können durchaus Chaos-Umgebungen sein, aber meistens sind sie gewachsene Strukturen mit einer gewissen Ordnung, die nur nicht dem (aktuellen) Standard entspricht.

Hier müssen Ihre Administratoren viel Fingerspitzengefühl haben, um solche Umgebungen an den Standard anzupassen, ohne die Produktivität der Abteilung zu vernichten oder alternativ die Enklave so zu pflegen, dass der Rest der Standardumgebung nicht gestört wird.

Findige Administratoren schotten solche Bereiche gerne mit einer kleinen Firewall ab (ein freier PC für ein Linux-Betriebssystem findet sich fast überall), dann haben alle ihre Ruhe. Es kann aber auch Sinn machen, dass Ihre Administratoren Sie auf den Missstand aufmerksam machen und zusammen mit anderen Abteilungen (und der Enklave!) eine technisch und organisatorisch vernünftige Lösung erarbeitet wird.

7.4. Die zentralisierte Umgebung

Es macht mit steigender Komplexität der Umgebung (nicht notwendigerweise der Größe) Sinn, einen, mehrere oder alle Teilbereiche Ihrer Systeme zu zentralisieren. Ein zentraler Server stellt allen Rechnern benötigte Applikationen zur Verfügung, Sie können diese dann zentral verwalten, Ihre Administratoren pflegen genau *eine* Version der Software, und Sie können Reporting-Mechanismen dazu schalten, um einen genauen Überblick über die Nutzung von bestimmten Softwarepaketen zu bekommen. Es kann für Sie sehr interessant sein zu wissen, ob alle gekauften Lizenzen einer Software wirklich benötigt werden, oder ob Sie mit deutlich weniger auskommen. Gleichzeitig können Sie Engpässe ausmachen.

Der Ordnung halber sei darauf hingewiesen, dass bei zu intensivem Reporting – insbesondere wenn Nutzer und Nutzungszeiten erfasst werden – das Thema Datenschutz zu einem Problem wird, denn Sie dürfen nicht alles erfassen, was Ihre Mitarbeiter auf Ihren Rechnern tun und lassen.

Sie handeln sich mit einem zentralen Ansatz natürlich auch einen Stapel von Problemen ein. Sollte der zentrale Server ausfallen, kann niemand mehr mit gar nichts arbeiten - gute Helpdesks haben ein Reservesystem in der Hinterhand oder können binnen kürzester Zeit allen Mitarbeitern lokale Versionen der Software aufspielen und aktivieren.

7.4.1. Filesharing

Dieser Ansatz ist der einfachste - Ihre Software ist zentral installiert, wird aber über technische Verfahren auf jedem Benutzer-Rechner so ausgeführt, dass die Software „denkt" sie sei lokal installiert. Im UNIX-Bereich wird sich das relativ leicht mit N F S (Network File System) umsetzen lassen. In anderen Bereichen gibt es zum Teil alternative, auch kommerzielle Ansätze, dies zu erreichen.

Dieser Ansatz bietet sich für alle Programme des täglichen Bürobedarfes an, da sehr schnell neue Versionen installiert werden können und allen Benutzern schnell zur Verfügung stehen. Die Wartbarkeit dieses Ansatzes ist unübertroffen.

Da nur Dateien im Netz angeboten werden, aber keine Services, ist das Verfahren hier genau das gleiche wie bei zentralen Datenverzeichnissen, nur dass ausführbare Dateien angeboten werden und keine Tabellen oder Textdokumente.

Ein gutes Beispiel sind Virenscanner.

7.4.2. Applicationsharing

Bei dieser Variante läuft die Software auf dem zentralen System und stellt Ihren Mitarbeitern zum Beispiel nur Schnittstellen zur Verfügung, alle Daten und Prozesse laufen aber zentral. Dieses klassische Server-Client Verfahren bedarf meist hoher Rechenkapazitäten auf dem Server und ist oft für spezielle Software und Daten realisiert, die nur zentral gut verwaltet werden können.

Ein Beispiel wäre die Anbindung von Autowerkstätten an ein zentrales Ersatzteillager des Herstellers. Ein weiteres Beispiel ist die Anbindung an eine unternehemsinterne Warehouse-Lösung.

7.5. Die lokalisierte Umgebung

Lokalisierte Umgebungen etablieren Systeme, die bis auf wenige zwingend benötigte Faktoren allen Rechnern das mitgeben, was sie zum Arbeiten brauchen. Die gesamte Software ist lokal installiert, und Netzwerkverbindungen sind oft auf ein absolut nötiges Minimum beschränkt. Der Support solcher Systeme ist extrem aufwändig, weil Ihre Supporter nie mit generalisierten Ansätzen arbeiten können. Hier ist quasi alles Handarbeit. Gerne wird so etwas in Umgebungen eingesetzt, die sich einen Ausfall nicht leisten können, denn jeder Arbeitsplatz muss so lange wie möglich einsatzfähig bleiben.

Im Gegensatz zum zentralisierten Ansatz tritt diese Form fast nie in Reinform auf. Oft gibt es einen Kompromiss zwischen unbedingt notwendigen Programmen und Daten und zentral abgelegten Sekundärpaketen, die für eine gewisse Zeit verzichtbar sind. Egal wie viel oder wenig Daten auf jedem System lokal installiert sind, der Aufwand für den Helpdesk wird jedesmal fast gleich hoch sein, weil hier jedes System und jeder Benutzer definitiv eine Eigendynamik im Hinblick auf Probleme und Ansprüche entwickeln wird.

Beschränken Sie daher Lokalisierung auf ein absolut notwendiges Maß!

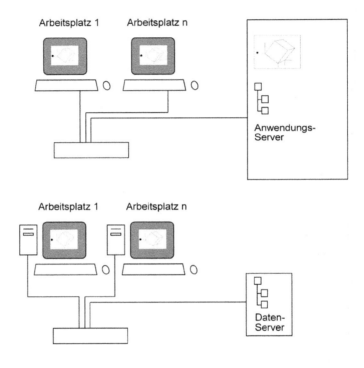

Abbildung 7.1.: Application- und Filesharing

8. Die Größe der Umgebung

Ihre Umgebung hat nicht nur eine Ordnung, sie hat auch eine Größe. Diese kann man grob in drei Schritten erfassen; jede der Größenordnungen hat ihre eigenen, ganz speziellen Probleme.

8.1. Kleinumgebung

Haben Sie nur wenige Systeme zu betreuen, zum Beispiel 5 Clients, 1 Server, 2 Drucker, ist jeder große Helpdeskansatz Geldvernichtung. Wenn Sie einen ambitionierten Mitarbeiter haben, der es richten kann, lassen Sie ihn machen. Zwingen Sie ihn aber, alle Passwörter zu dokumentieren, alle Verfahren und jede Abweichung vom Standard der verwendeten Systeme zu erfassen. Bestehen Sie darauf, und kontrollieren Sie es regelmäßig, denn wenn dieser Mitarbeiter Sie verlässt, haben Sie sonst echte Probleme. Mit Hilfe einer leidlichen Dokumentation können Sie aber schon problemlos jemand anderen beauftragen.

Alternativ beauftragen Sie direkt ein I T-Unternehmen Ihrer Wahl, oft sind kleine, ortsansässige Firmen sehr moderat im Preis und meistens mit sehr hochwertigem Service unterwegs.

Dokumentation versteht sich allerdings auch hier nicht immer von selbst. Bestehen Sie darauf – allerdings kann es Ihnen passieren, dass Sie eine Dokumentation der Form „Alles Standard-Installationen" bekommen. Damit können Sie aber durchaus zufrieden sein, denn wenn zum Beispiel ein Printserver[1] nach Standard aufgesetzt ist, weiß ein anderer Administrator mit vergleichbarem Wissen auch sofort, wo er ansetzen muss.

---

[1]ein zentraler Server, der Druckaufträge verwaltet und kontrolliert an die Drucker weiter gibt

Allein bei den Passwörtern sollten Sie auf Übergabe bestehen. Meist dann in Form eines versiegelten Umschlags, denn wenn auf den Systemen plötzlich Änderungen auftreten, müssen Sie Ihrem IT-Dienstleister unter Umständen beweisen, dass Sie das Ihnen nicht bekannte Administrator-Passwort nicht benutzt haben (können). Es kann andere Vereinbarungen geben: Wenn der Dienstleister zum Beispiel Ihre Systeme völlig selbstständig betreut, und Sie wirklich einmal den Dienstleister wechseln, müssen Sie ihn vorher vertraglich verpflichten, dem Nachfolger alle relevanten Informationen zu geben – allerdings erachten Supporter andere Dinge als relevant, als Sie selber vielleicht meinen. Autorisieren Sie am besten den neuen Dienstleister schriftlich, beim alten Dienstleister alle technischen Details direkt zu klären, und senden Sie diesem eine Kopie davon.

Das bekommen Sie gegebenenfalls von Ihrem alten Dienstleister in Rechnung gestellt.

Wenn Sie sich von einem Dienstleister trennen, lassen Sie sich immer bestätigen, dass er keine weiteren Zugänge zu Ihren Systemen hat, und alle Unterlagen korrekt an Sie übergeben wurden. Danach lassen Sie Ihren neuen Administrator/Dienstleister umgehend die Passwörter aller privilegierten Benutzerkonten (Accounts) ändern. Nicht morgen, nicht nächste Woche: *sofort* – und zwar von außen nach innen, das heißt die Firewall zuerst (Sie sollten so etwas haben, wenn Sie mit dem Internet kommunizieren), dann die Server (zuerst die mit zum Beispiel einem Modem), dann die Clients, Drucker etc.

Ebenso sollten Sie die Passwörter zu unprivilegierten Zugängen des vorherigen Dienstleisters ändern – aber löschen Sie diese Accounts noch nicht, vielleicht gibt es Abhängigkeiten, die erst in Ruhe ermittelt werden wollen (hierbei sollte die Dokumentation helfen). Und wenn Sie sie löschen (lassen), stellen Sie sicher, dass es ein aktuelles Backup gibt, und der Nachfolger alle Prozesse hinreichend verstanden hat.

8.2. Mittlere Umgebung

Eine größere Umgebung, zum Beispiel 50 Clients, 30 Drucker, 5 Server bis hin zu mehreren hundert Clients, diversen Servern etc. werden Sie schon mit einem eigenen Helpdesk abdecken müssen. Auch das können kleine IT-Unternehmen meistens sehr gut durchführen. Ein expliziter IT-Ansprechpartner mit entsprechendem Equipment, Zeit und Fähigkeiten im Hause (ob eigener Mitarbeiter oder extern sei dahingestellt) ist aber mit wachsender Umgebung zu empfehlen. Je nach Bedarf müssen Sie das Team dann sukzessive erweitern und strukturieren – die Grenze zur Großumgebung ist fließend und kann schon bei 300 Rechnern erreicht sein, je nach Ihren Anforderungen und Strukturen.

8.3. Großumgebung

Das ist die Königsdisziplin für Supporter. Es handelt sich meistens um stark standardisierte Umgebungen mit sehr vielen Maschinen, meist auch starke Segmentierung in Clients, Server, Infrastruktur, mehrstufige Helpdesks, Mischumgebungen und gerne auch Verbindungen zu externen Firmenstandorten, die im gleichen logischen Netzwerk zusammengefasst sind. Sie brauchen hier qualifiziertes Personal, das in der Lage ist, global zu denken.

Sie benötigen hier hochqualifizierte Administratoren, die gegebenenfalls in der Lage sind, ein Script zu programmieren, das auf 2500 Maschinen prüft, ob eine bestimmte Software mit der richtigen Version installiert ist, gegebenenfalls aktualisiert und während der Benutzer daran arbeitet, die entsprechend betroffenen Programme neu startet, das ganze in einer Datenbank vermerkt, die Ergebnisse auf Plausibilität prüft und gegebenenfalls eine Nachricht verschickt.

Wenn Sie diesen Administratoren einen Auftrag geben, warten Sie einfach, bis Sie ein Ergebnis zurück bekommen. Es kann sein, dass Sie diese Administratoren in der Cafeteria wiederfinden, aber seien Sie sicher, die Arbeit in Form der Automatismen ist schon gemacht. Man muss nicht 3 Stunden am Bildschirm sitzen und aufpassen, ob alles so läuft wie es soll, denn das prüfen diese Programme meistens von selber und benachrichtigen gegebenenfalls den zuständigen Administrator.

Machen Sie aber auch nicht den Fehler und stellen sich auf den Standpunkt „Wenn das doch automatisch geht, brauche ich keine Administratoren mehr". Wenn es denn automatisch *ginge*, hätten Sie Recht, aber jedes neue Problem muss genau analysiert werden und bekommt sein eigenes Script-Konglomerat zur Lösung, auch wenn hierbei Ihre Administratoren gerne vorgefertigte Teile benutzen.

Administratoren sind faul. Das können sie nur durch Pfiffigkeit wett machen, also werden sie kleine Programme schreiben, die ihnen die Arbeit erleichtern. Es macht darüber hinaus keinen Sinn, ein ständig wiederkehrendes Problem jedes mal von Hand zu lösen. Das ist wesentlich fehleranfälliger, als wenn man es beim zweiten oder dritten Mal in ein Script verpackt und den Computer tun lässt, was Computer tun: stumpfsinnig Programme ausführen, die ein Mensch definiert hat, damit er sich anderen Problemen zuwenden und kreativ Lösungen erarbeiten kann.

Findige Administratoren werden nach und nach dafür sorgen, dass die zu betreuende Umgebung kleinere Probleme selbst beheben kann, und dann der Administrator nur noch darüber benachrichtigt wird (zum Beispiel darüber, dass ein Automatik-Script gerade auf einer UNIX-Workstation temporäre Dateien gelöscht hat, die älter als 3 Tage waren, weil die Festplatten zu 95% voll waren).

Lassen Sie Ihre Administratoren in Ruhe basteln, Sie werden auf lange Sicht von Problemen verschont werden, die Ihnen ohne diese Findigkeiten immer mal wieder Ärger bereiten.

8.3.1. Das 1000-host Problem

Das so genannte 1000-host Problem ist ein nicht zu unterschätzendes Schreckgespenst der IT, wenn es um Client-Umgebungen geht - insbesondere für Programme und Tools, die Aktionen auf und/oder für eine bestimmte Gruppe von Computern zu erledigen haben. Steigt die Menge der Hosts zu stark an, stoßen viele Programme und Routinen an ihre Grenzen, gegebenenfalls werden die beteiligten Support-Rechner so stark ausgelastet, dass sie ihre Arbeit nicht mehr korrekt durchführen können.

Darüber hinaus stellt eine so große Umgebung die Administratoren vor ganz eigene Probleme. Es ist zum Beispiel unmöglich, hier jeden Rechner individuell zu betreuen, manchmal muss man auch unpopuläre Vereinfachungen vornehmen.

Wenn Sie zum Beispiel auf 3000 Rechnern gezielt neue Software aufspielen möchten, dann sollten die zugehörigen Scripte zum einen in der Lage sein, eine große Menge von Hosts zu bewältigen, zum anderen so robust, dass man sie auch am Wochenende unbeaufsichtigt laufen lassen kann. Und last, but not least müssen sie ordentlich protokollieren, was sie tun, welche Probleme aufgetreten sind etc. Bei einer kleineren Umgebung können Ihre Admins zur Not alles von Hand durchgehen, bei einer solchen Umgebung nicht. Wenn Sie dennoch versuchen, hier mit Masse statt Klasse zu administrieren, werden Sie scheitern: 20 Operatoren können hier nicht annähernd soviel ausrichten wie zwei oder drei fähige Administratoren. Mit „Muskelschmalz" geht hier nur wenig.

8. Die Größe der Umgebung

9. Helpdeskausgestaltung

Es gibt keine allgemein gültigen Kriterien. Sie müssen selber abschätzen, wie wichtig die I T für Ihre täglichen Geschäftsvorgänge ist. Sie sollten nicht am falschen Ende sparen. Es gibt hierzu Literatur, die suggeriert, dass Sie Relevanzen objektiv messen können. Wir halten das für nicht haltbar. Bevor Sie die komplizierten Tabellenwerke durchgearbeitet haben und die auf CD-ROM beiliegenden Programme mit Zahlen gefüttert haben, vergehen Stunden über Stunden – mit gesundem Menschenverstand, einem Supporter, der sein Geschäft versteht und ein paar allgemeinen Rohdaten können Sie die grobe Struktur eines Helpdesks in wenigen Minuten festlegen.

- Lesen Sie all die schlauen Bücher, wenn Sie Zeit dazu haben.

- Rechnen Sie alles im Detail aus, wenn Sie Lust dazu haben.

- Betrachten Sie die Ergebnisse am nächsten Tag noch einmal mit eingeschaltetem Menschenverstand.

Eine detaillierte Anleitung im Stile der oben genannten Literatur geben wir Ihnen nicht, zumindest nicht für Strukturierung und Technik. Im kaufmännischen und vertragsrechtlichen Bereich (siehe Kapitel 19, SLA) möchten wir aber einige Details ausarbeiten, weil hier mit das größte Konfliktpotential im Schadensfall liegt. Und auch über den müssen Sie sich Gedanken machen.

Primär aber gilt:

- Verstehen Sie Ihre eigenen Bedürfnisse.

- Verstärken Sie Ihr Know-How mit Profis (eben jenen guten Administratoren, Supportern etc.).

- Lassen Sie die Techniker mal mit der Maßgabe, alles zu beleuchten (auch zum Beispiel Software, die Sie persönlich sehr gut finden) einfach machen.

- Hören Sie sich alles an.

- Entscheiden Sie zum Wohle Ihres Unternehmens.

Leben Sie mit dem Ergebnis zumindest eine Weile. Auch dann, wenn es sich zügig als suboptimal herausstellt, sollten Sie nicht Hals über Kopf ein neues System oder ein neues Verfahren einführen. Das alte lässt sich vielleicht anpassen. Auf jeden Fall haben Sie vorher die Prämissen falsch gesetzt. Deshalb nochmal in Ruhe auf Anfang und von vorne und vielleicht doch auf die Administratoren hören (oder zurechtweisen, je nach dem).

9.1. Sparen Sie nicht am falschen Ende

Es macht überhaupt keinen Sinn, teure Hardware einzukaufen und diese von Leuten betreuen zu lassen, die ihr Wissen aus Computerfachzeitschriften oder einer 8-wöchigen Umschulungsmaßnahme haben. Sie brauchen qualifizierte Mitarbeiter, die Ihre Probleme lösen – wenn Sie die I T als Werkzeug brauchen, dann muss dieses Werkzeug funktionieren und darf Ihnen nicht die Zeit stehlen, die Sie brauchen, um Geld zu verdienen.

Sparen Sie deshalb Ihre Werkzeuge nicht kaputt, eine Kfz-Werkstatt, die nur Billigwerkzeug einkauft, wird letztendlich mehr Kosten für Ersatzwerkzeug haben als der Kfz-Meister, der auf hochwertigen Produkten besteht – das ist vielseitiger, es gibt Ersatzteile jeder Art und es verschleißt nicht so schnell. Genau so ist es in der I T. Je wichtiger die I T, um so hochwertiger sollte sie sein (und somit auch die zugehörige Betreuung), desto mehr Geld verdienen Sie in Ihrem eigentlichen Geschäft.

Der kleine Spediteur mit einer Sekretärin und dem Juniorchef im Büro braucht keine Superbetreuung. Wenn der Rechner streikt, werden die Formulare von Hand ausgefüllt und fertig. Sollten Sie aber Produktionsabläufe mit der I T koordinieren und Ihre Benutzer komplexe Programme zur Erledigung ihrer Arbeit benutzen, dann können Sie es sich nicht leisten, wenn der Supporter erstmal überlegen muss, ob er schon einmal was von dem Programm gehört hat, und was der Benutzer überhaupt den ganzen Tag so macht. Er muss zumindest eine Idee davon haben, wo er seine Informationen bekommt, wie er das Problem reproduzieren kann, wie tief greifend es vielleicht ist und was eventuell woanders deswegen nicht funktioniert.

Ein Albtraum wäre hingegen der Stillstand einer ganzen Entwicklungsabteilung mit 300 gut bezahlten Ingenieuren. Der Ausfall ist schnell teurer als ein vernünftiger Support. Zudem gehören zum Produktionsverlust nicht nur die verursachten Kosten (wie Gehälter), Sie verlieren auch Zeit im harten Wettbewerb.

Sparen Sie nicht am falschen Ende, sehen Sie aber auch von jedem Anbieter ab, der Ihnen für Ihre 2-Mann Spedition einen teuren Server und eine Firewall verkaufen will, nachdem er alles mit einem Switch vernetzt hat, um es dann mit einem Supportvertrag über einen dreistelligen Betrag im Monat zu verwalten (es sei denn Sie wollen eine völlig am Bedarf vorbei konfigurierte Luxuslösung für unnötig viel Geld).

Sie müssen selber feststellen, wer angemessene Lösungen liefert. Entweder macht das Ihre Fachabteilung für Sie (dann vertrauen Sie diesen Entscheidungen auch, denn Sie hätten keine Fachabteilung, wenn Sie es selber vollumfänglich könnten und/oder wollten!). Alternativ suchen Sie sich einen Dienstleister Ihres Vertrauens, der, um bei dem Speditionsbeispiel zu bleiben, erst einmal analysiert, welche Software Sie benötigen, ob ein bestimmtes Betriebssystem zwingend benötigt wird.

Andere haben wieder spezielle Software im Einsatz, die nur auf einem Windows-PC oder Macintosh funktionieren wird. Es gibt gegebenenfalls persönliche Präferenzen, weil Sie gerne mal was selber administrieren. Kein Problem, ein anständiger Dienstleister wird das immer berücksichtigen und Sie mit verschiedenen Angeboten versorgen. Er wird es aber in der Regel nicht versäumen, den eigenen Favoriten ins Spiel zu bringen.

Das ist nicht verwerflich, aber der Anbieter sollte nicht darauf bestehen, denn nicht seine, sondern *Ihre* Maßstäbe sind entscheidend.

9.2. Homogene Umgebungen

Eine homogene Umgebung besteht aus Rechnern einer bestimmten Kategorie, zum Beispiel nur PCs mit Windows Betriebssystem (zum Beispiel NT, 2000, XP), oder nur UNIX-Maschinen vom Typ HP etc.

Diese Umgebungen sind in den letzten Jahren selten geworden; da verschiedene Betriebssysteme und verschiedene Hardwarearchitekturen unterschiedliche Aspekte von Problemen lösen, werden Sie homogene Umgebungen (weder auf Hardware- noch auf Betriebssystem-Basis) mit steigender Komplexität der Umgebung immer seltener finden.

Die kleine Spedition aus unserem Beispiel wird so eine Umgebung haben, der weltweite Großkonzern mit jeweils 5000 Arbeitsplätzen an x Standorten eher nicht.

9.3. Heterogene Umgebungen

Heterogene Umgebungen mischen verschiedene Hardware und Betriebssysteme zu einem (meistens gesunden) Mix. Dieser ist für den einzelnen Mitarbeiter das optimale Werkzeug zur Erledigung seiner Arbeit, stellt Ihren Helpdesk aber vor nicht zu unterschätzende Probleme.

Zum einen brauchen Sie jemanden, der sich entweder mit allem auskennt (dogmatisch wie zum Beispiel UNIX-Admins sind, ist das schwierig – und Windows-Admins schauen oft nicht über ihren grafischen Tellerrand, das ist ebenso schlimm), oder Sie haben verschiedene Spezialisten am Werk. Hier kommt dann wieder das Kommunikationsproblem ins Spiel.

Oft wissen die Benutzer auch selber nicht, was sie gerade für ein System vor sich haben und quittieren entsprechende Rückfragen selbst nach dem Namen des Systems (steht gerne auf einem kleinen Aufkleber am Gehäuse) oder der Netzwerkadresse (dto.) mit entnervten Tiraden. „Das ist nicht mein Problem, machen Sie, dass das wieder geht", „Sie sind doch hier der Profi", „Kommen Sie halt vorbei und schauen nach".

So kann es durchaus passieren, dass ein 1st Level Supporter etwas falsch kategorisiert, und es im falschen Helpdesk landet, das mögen die Kollegen wiederum nicht und sind ihrerseits genervt (obwohl sie genau wissen, wie kompliziert das Geschäft des anderen unter Umständen sein kann).

Heterogenität können Sie auch nicht damit in den Griff bekommen, dass Sie einfach immer mehr Leute in den Helpdesk abstellen, die auf das eine oder andere spezialisiert sind. Sie müssen im 1st Level Mitarbeiter haben, die soweit mitdenken, dass sie ein Problem korrekt kategorisieren können. In den höheren Levels brauchen Sie Mitarbeiter, die sich in jedes Problem einarbeiten können und sich nicht zu schade sind, nach nebenan zum Kollegen des Konkurrenzdienstleisters zu gehen, um nach Rat zu fragen.

Noch einmal: Sie benötigen ab dem 2nd Level *qualifiziertere* Supporter, *nicht mehr* Supporter, wenn Sie eine heterogene und komplexe Umgebung haben. Das erhöht die Kosten, aber es lohnt sich. Wenn Sie einmal minder qualifizierte Administratoren an einem Problem hatten, wird der Aufwand es zu lösen für die kompetenten Kollegen immer höher. Meistens ist das

Problem auf einer oder mehreren Ebenen verschlimmert worden, und das ist dann viel teurer als von Anfang an Qualität einzukaufen.

9.3.1. Shadow-IT

Shadow-IT ist etwas, das Sie gar nicht wollen. Es ist der Anteil Ihrer IT-Struktur, der sich im Schatten verbirgt und oft nicht offensichtlich, aber selten gewollt ist.

Leider bringen große, heterogene Umgebungen dies bisweilen mit sich: Enklaven schotten sich ab und machen ihren eigenen Helpdesk, die irgendwann beachtliche Größen erreichen und dann die Standards gegebenenfalls negativ beeinflussen. Zumindest aber wird die Integrität Ihres Gesamtsystems gefährdet.

Shadow-IT entsteht aus fehlender Kommunikation und fehlender Flexibilität der übergeordneten Prozesse und dann, wenn Sie Ihre qualifizierten Administratoren zu sehr begrenzen und diese somit den Sonderbereichen auf dem offiziellen Wege nicht mehr helfen können.

Man kann der Schattenwelt viele Seiten widmen, aber was letztendlich dazu führt ist derartig von Unternehmen zu Unternehmen verschieden, dass es keinen generalisierten Lösungsansatz geben kann. Sie müssen im einzelnen untersuchen, warum es passiert und in welchem Umfang damit welche Art von Problemen gelöst werden sollte.

Sie können dann zwangsweise entscheiden, dies aufzulösen und den Standard zu verwenden (wobei Sie gegebenenfalls Produktivität verlieren!).

Oder Sie holen sich qualifizierte Beratung bei Ihren Administratoren und erarbeiten Ersatzstrukturen und -verfahren.

9. Helpdeskausgestaltung

10. Helpdesks im Lösungsfindungsprozess

Es kommt leider viel zu selten vor, dass ein Helpdesk an der Lösungsfindung aktiv von Anfang an beteiligt wird. Meistens wird am runden Tisch etwas beschlossen, das der Helpdesk dann umzusetzen hat. Ob das technisch machbar oder sinnvoll ist, danach wird oft genug nicht gefragt, weil man Administratoren selten für voll nimmt und schon gar nicht möchte, dass ein externer Dienstleister vermeintlich Einfluss auf die eigene Firma/Abteilung nimmt.

Machen Sie nicht diesen Fehler. Beziehen Sie in alle Probleme, die die IT betreffen, sowohl die zuständige Fachabteilung als auch Ihren Support mit ein. Während die Fachabteilung ganz klare Vorstellungen davon hat, wie die Technik zu funktionieren hat, sieht die Realität meistens anders aus, und der Vermittler zwischen Theorie und Praxis ist der Helpdesk.

Sie vergeben sich exakt gar nichts, wenn Sie die „Freaks" von Anfang an an den Tisch holen – Sie werden erstaunt sein, welche Lösungen auf einmal diskutiert werden, wie kreativ Ihre Supporter sein können, wenn Sie sie nur lassen.

Sie sollten alle Level des Helpdesks dazu holen – der 1st Level kann eher etwas zur Kundenresonanz sagen, während Ihnen der 2nd Level unter Umständen die Technik darlegen kann. Wenn der 3rd Level dann noch anmerken kann, wie es in dem speziellen Fall mit dem Hersteller-Support bestellt ist, ist die vorgeschlagene Lösung der oberen Management-Etage eventuell doch nicht mehr so toll, weil sie zu weit an der Realität vorbei geht. Wie Sie das dann nach oben vermitteln, kann leider nicht mehr Gegenstand dieses Leitfadens sein.

10. Helpdesks im Lösungsfindungsprozess

11. IT nicht nur auf Kosten reduzieren

Es ist unser Anliegen zu verdeutlichen, dass Sie eine qualitativ hochwertige IT-Betreuung nicht auf Kosten reduzieren können. Immer wieder stehen wir in Verhandlungen vor dem Problem, dass es irgendjemand noch billiger macht. Aber eben billiger und nicht preiswerter. Sie werden hinterher draufzahlen; ein Beispiel (so passiert):

Unser Kunde signalisiert uns wir seien ihm zu teuer, er hätte ein besseres Angebot von einer anderen Firma, ob wir ihm was nachlassen könnten.

Wir haben die Situation analysiert (es war ein Kunde mit einigen Windows-Arbeitsplätzen und einem Linux-Server für alle möglichen Aufgaben), unsere Wartungsprotokolle zu Rate gezogen und entschieden: Der Kunde ist seit 3 Jahren dabei, macht nicht viel Arbeit, er kriegt 8% Rabatt auf die monatliche Pauschale.

Die andere Firma war preiswerter (nochmal etwa 5%) und wir waren den Auftrag los. Schade.

Etwa vier Wochen später will der Kunde unbedingt wieder zu uns zurück, der andere Dienstleister könne ja gar nichts und konfrontiert ihn mit Problemen, die er noch nie hatte, ob wir bitte den Support wieder übernehmen würden.

Da wir nicht wussten, was die Konkurrenz da veranstaltet hatte (schließlich waren wir vier Wochen draußen, hatten keine Reports der Systeme bekommen etc.), mussten wir aufwändig alles von Hand durchgehen und begutachten. Da wir das auch bezahlt haben wollten, und auch einiges wieder umzukonfigurieren war, hat der Kunde letztendlich für den einen Monat „Fremdgehen" etwa 25% mehr Kosten gehabt als ohne die Extravaganzen.

Oft sieht der Kunde den Mehrwert nicht, weil er es auch nicht sehen will. Qualifizierte Administratoren und gut organisierte Helpdesks werden immer einen signifikanten Teil der Arbeit ohne Kenntnis der Benutzer erledigen (so genanntes pro-aktives Systemmanagement – das beherrschen aber nur die guten Administratoren, nicht der Mainstream Operator). Denken Sie daran, wenn jemand Ihren Helpdesk für viel weniger Geld übernehmen will, obwohl Sie eigentlich ganz zufrieden sind. Für weniger Geld bekommt man auch weniger Leistung. Die Preise haben sich inzwischen soweit egalisiert, dass sich kein Dienstleister mehr erlauben kann, überhöhte Preise zu verlangen, wie das noch bis Ende der 90er Jahre des vorigen Jahrhunderts möglich war.

Preis ist aber auch kein endgültiger Maßstab für Qualität, sondern es zählt immer nur Ihr eigener gesunder Menschenverstand, und der kostet Sie nichts.

Wenn I T eines Ihrer Schlüsselwerkzeuge ist, nehmen Sie den Menschen, die damit zu tun haben, die Angst vor der Offenheit und Sie werden immens davon profitieren. Ein Dienstleister, dem Sie immer wieder signalisieren „Du musst billiger werden, sonst nehme ich einen anderen", wird zwangsläufig immer nach Möglichkeiten suchen, seinen Wert für Sie zu erhöhen. Oft genug (wenn auch nicht immer) sind das Papiertiger ohne Substanz und vor allem ohne Wert für Ihr Unternehmen, und das kann nicht in Ihrem Sinne sein.

12. EDV-Grundregelwerk/ITPM

Ihr EDV-Grundregelwerk, neudeutsch: ITPM (IT Policy Manual), soll-te eindeutig (und deshalb nicht zu umfangreich) die Benutzung Ihrer IT regulieren.

Sie benötigen immer Regeln für Ihre IT, denn es soll *Ihre* IT sein und nicht die Ihrer Supporter/Dienstleister. Aber überdimensionieren Sie Ih-re Regelwerke nicht. Je komplexer ein System wird, desto fehleranfälliger ist es auch. Reduzieren Sie alle Regeln auf das absolute Minimum, dann werden sie nicht so schnell unterlaufen. Es kann bei überkomplexen Regel-werken auch dazu kommen, dass einzelne Bereiche Ihres Machwerkes sich widersprechen und dann, wenn man die Regeln bis ins letzte auslegt, ein Arbeiten unmöglich machen.

Das Motto der Wahl ist „KISS – Keep It Small and Simple" : Halten Sie es übersichtlich und einfach.

Machen Sie sich aber trotzdem die Arbeit, alles ordentlich aufzuschreiben und für alle Supporter zur Verfügung zu stellen (zum Beispiel ein pdf-Dokument, das Sie auf Ihrem zentralen Webserver ständig zum Download anbieten), und dessen Kenntnis Sie sich unbedingt von einem Dienstleister, beziehungsweise jedem Supporter schriftlich bestätigen lassen sollten.

Selbst für große Umgebungen reichen meist wenige Seiten, denn die Grund-regeln sind oft schnell definiert, ein Rückbezug auf Gesetzestexte (zum Beispiel Bundesdatenschutzgesetz etc.) entledigt Sie einiger Arbeit, und Sie sind trotzdem auf der sicheren Seite.

Sie legen mit einem Grundregelwerk die Standards fest nach denen ge-arbeitet werden muss, das kann man mit Verweis auf ISO -Normen oder Gesetzestexte machen, die man aber dann auch zur Verfügung stellen muss, oder man formuliert es selbstständig.

Wir empfehlen für komplexere Regelungen anwaltlichen Rat einzuholen.

Im Folgenden einige Dinge, die Sie unbedingt regeln sollten, in welcher Form und Ausführlichkeit auch immer, aber es muss feststehende Regeln geben, und auch die jeweiligen Ausnahmen sollten sauber dokumentiert sein.

Das EDV Grundregelwerk ist nicht zu verwechseln mit dem Service Level Agreement (siehe Kapitel 19, SLA). Während ein S L A die Geschäftsbeziehung zu einem speziellen Dienstleister regelt, gilt Ihr Grundregelwerk für die gesamte I T und ist Bestandteil des S L A.

12.1. Eigentumsrechte

Machen Sie jedem klar, welche Hardware, Software, Patente etc. Ihnen gehören, damit im Zweifelsfall hier immer Klarheit herrscht. Sie sollten auch einen Prozess haben, mit dem ein Supplier eigene Hardware bei Ihnen anschließen kann und auch als sein Eigentum bei Bedarf wieder aus Ihrem Gebäude entfernen darf. Für funktionsgebundene Gerätschaften, an denen Ihre Geschäftsabläufe hängen, müssten Sie dann seperate Überlassungsvereinbarungen treffen, da Sie ansonsten von Ihrem Supplier sehr abhängig würden, wenn Sie das Vertragsverhältnis lösen möchten.

Ebenso muss geregelt sein, dass alle Diensterfindungen (und seien es kleine Hilfsprogramme) Ihnen gehören, sofern sie während der Arbeitszeit in Ihrem Unternehmen erstellt wurden. Das sichert Ihnen eine funktionierende Infrastruktur auch bei einem Anbieterwechsel, Stichwort „Dokumentation" (siehe Kapitel 14.3, Dokumentation). Dies verhindert, dass die Supporter an Fremdproblemen arbeiten, während sie von Ihnen bezahlt werden.

Achten Sie darauf, dass Sie über die Eigentumsrechte aller verwendeten Werkzeuge im Bilde sind. Wenn Sie nach einem Anbieterwechsel feststellen, dass Ihr alter Helpdesk nur deshalb so „schlagkräftig" war, weil er eigene Software verwendet hat, ist die erwartete Effizienzsteigerung des Anbieterwechsels schnell dahin. Es nützt Ihnen nichts, wenn der neue Dienstleister es 20% günstiger macht, wenn er dafür doppelt so lange für die Umsetzung braucht oder bestimmte Sonderfälle gar nicht abdecken kann.

Werkzeuge, die dem Supplier gehören, machen einen Anbieterwechsel unter Umständen uninteressant, weil betriebswirtschaftlich gesehen der neue Dienstleister nicht das gleiche Leistungspotential hat (haben kann).

12.2. Daten

12.2.1. Datenklassifizierung

Bei kleineren Unternehmen mag das nicht zwingend nötig sein, aber auch da kann eine grobe Datenklassifizierung Sinn machen. Diese Einteilung sollte logisch und einfach nachvollziehbar sein. Sie werden sie in weiteren Regeln referenzieren; es bieten sich zum Beispiel diese Klassen an:

- System (zum Beispiel Betriebssystem)

- Programme (zum Beispiel Ihre Hauptarbeitsprogramme, lassen sich nachinstallieren, eher unkritisch)

- Produktivdaten (alles, was auf keinen Fall verloren gehen darf, zum Beispiel Berechnungsdaten oder Präsentationen)

- Sekundärdaten (alles, was nicht ganz so wichtig ist)

Dabei ist die Einschätzung, was nun besonders wichtig ist, immer sehr individuell. Für ein Dienstleistungsunternehmen sind Kundendaten sehr wichtig, ein Betriebssystem eher nicht. In einer Produktentwicklung für mehrere Plattformen kann das genau anders herum sein, da sind Sie drauf angewiesen, dass Ihre Betriebssysteme mit den speziellen Einstellungen schnell und sauber wiederhergestellt werden können.

12.2.2. Datensicherung

Gemäß der vorherigen Klassifizierung sollten Sie definieren, in welchen Abständen und auf welche Medien die Daten vom Support zu sichern sind (das so genannte Backup). Es muss ebenfalls festgelegt werden, in welchen Zyklen zum Beispiel Magnetbänder auszutauschen oder zu archivieren sind.

12.2.3. Archivierung

Archivierung wird gerne mit Backup verwechselt, aber es sind völlig unterschiedliche Dinge. Backup dient der Sicherung von Daten zur schnellen Wiederherstellung, Archivierung ist eine langfristige Aufbewahrung, deren Wiederherstellung nicht unbedingt schnell geht, die aber auf Dauer ausgelegt ist (wofür zum Beispiel Magnetmedien ungeeignet sind).

12.2.4. Wiederherstellung

In regelmäßigen Abständen müssen die Verantwortlichen alle Datensicherungen dahingehend testen, ob damit eine Wiederherstellung der Daten (Restore) möglich ist. Dadurch wird gewährleistet, dass Sie nicht im Ernstfall nach 2 Jahren erst merken, dass seit 1,5 Jahren die Daten auf den Bändern unbrauchbar sind, weil beispielsweise die neue Backupsoftware nicht korrekt konfiguriert war.

12.3. Zugriffsrechte

12.3.1. Benutzerebene

Sichern Sie sich ab gegen Missbrauch von Benutzerkennungen. Die Verantwortung hierfür lässt sich zu einem guten Teil durch eine einfache Regelung im Grundregelwerk auf den Benutzer selber abwälzen – ähnlich der PIN bei EC-Karten. Eine gewisse Sorgfalt muss der Benutzer walten lassen, dazu regelmäßige Passwortänderungen, wobei Sie den Änderungszeitpunkt von Ihren Systemen protokollieren lassen sollten (aber natürlich nicht das Passwort selber). Ohne ein Protokoll können Sie später nicht mehr nachvollziehen, ob Ihre Vorgaben eingehalten wurden, was zum Beispiel bei eventuell anstehenden Schadensersatzansprüchen wichtig sein kann.

Regeln Sie genau, welche Benutzergruppen auf welche Datenklassen zugreifen dürfen.

12.3.2. Administratorenebene

Diese Passwörter sind besonders sensibel, hier sollten Sie einen engen Personenkreis definieren und eine Notfallprozedur in das Grundregelwerk einbinden, die einzuhalten ist, wenn zum Beispiel ein Passwort von einem Benutzer geraten wird oder ein System kompromittiert wurde. Administratoren sind nur dann aus der Verantwortung, wenn sie weder fahrlässig das Passwort herausgegeben haben und sich an die definierten Notfallprozeduren gehalten haben.

Es kann nötig sein, verschiedene Administratorebenen auf bestimmte Datenklassen zu beschränken, so können die einen vielleicht nur auf die Datenbankprogramme zugreifen, während andere dort nicht arbeiten dürfen und nur die Daten selber zu bearbeiten haben. Möglichkeiten und Abgrenzungsmöglichkeiten gibt es viele, aber übertreiben Sie es nicht, denn mit jeder Abgrenzungsstufe steigt Ihr Personalaufwand, wenn nicht jeder eine bestimmte Kombination von Arbeiten machen darf.

12.4. Infrastruktur

Testen Sie alle Komponenten Ihrer IT regelmäßig auf Ausfallsicherheit. In kleineren Betrieben reicht es vielleicht, einfach ab und zu nachzusehen, ob noch alle Kabel da sind, wo sie hingehören. In größeren Anlagen muss man vielleicht die Notstromaggregate anlaufen lassen etc. Seien Sie hierbei durchaus paranoid, und regeln Sie genau, in welchen Abständen was zu testen ist, und wer für die Durchführung verantwortlich ist.

Über sämtliche Tests und deren Ergebnisse sollten Sie penibel Buch führen, damit Sie im Ernstfall immer wissen, was von Ihren Strukturen funktioniert, und wo Sie eventuell nacharbeiten müssen.

12.5. Programmierung

Sofern Sie mit Programmierung zu tun haben, regeln Sie hier, wie Programme bei Ihnen auszusehen haben. Jedes Unternehmen hat andere Ansprüche und verwendet andere Tools, zum Beispiel bei Versionierungssoftware, Webservern etc. All das sollten Sie regeln, und sei es nur, dass Sie festlegen, dass grundsätzlich für den Webserverbetrieb nur lizenzfreie Software (siehe Kapitel VII, OpenSource) zu verwenden ist, oder auf Arbeitsplätzen nur eine bestimmte Version von Windows mit einem definierten ServicePack zum Einsatz kommen darf.

12.6. Meldeverfahren

Legen Sie fest, wer wann wen über was zu informieren hat. Üblicherweise nutzen Sie hierfür Ihre ohnehin vorhandene Hierarchie, es kann aber auch sinnvoll sein, die entsprechenden Informationen frühzeitig zu den entsprechenden Mitarbeitern und Abteilungen zu kanalisieren, als dass erst noch zwei Managementebenen involviert werden.

Teil III.

Technik

Wie bereits angedeutet, gibt es Glaubenskriege innerhalb Ihrer IT. Das wird Sie vielleicht überraschen, denken doch viele, IT wäre IT, aber weit gefehlt.

Sie müssen sich durchaus damit auseinander setzen, dass manche Bereiche andere Systeme weniger gern haben als andere. Windows/UNIX ist der klassische Konflikt, Herstellerspezifika (zum Beispiel SUN vs. HP) ein anderer. Sie müssen individuell ausloten, wo in Ihrem Unternehmen die verschiedenen IT-Welten kollidieren, wo Sie sich diese Kollision nicht leisten können und wo sich die Kollegen gerne austoben dürfen (zum Beispiel auf dem klassischen Konfliktgebiet „Mein Editor ist besser als Deiner" (vi vs emacs)), das ist unkritisch für Sie.

Wenn Sie ein Unternehmen haben, das nicht primär in der EDV arbeitet, werden die meisten Ihrer Benutzer wohl mit Windows-Desktops oder vergleichbaren Systemen arbeiten, während die Serverseite meistens in zwei Lager zerfällt.

Zum einen gibt es meistens Windows-Server für zum Beispiel Email und Kalender, zum anderen oft UNIX-Systeme für Filesharing und Backups – oder eine beliebige andere Mischung davon. Wenn Sie auch noch UNIX-Systeme für die Enduser im Einsatz haben (zum Beispiel Automotive für Design-Aufgaben und als Crashsimulationsrechner etc.) wird es umso komplizierter, denn dann müssen Sie zum Beispiel Ihren 1st Level entweder splitten oder mit Allround-Operatoren (seltener Administratoren) besetzen.

In einem kleineren Unternehmen werden Sie vielleicht gar keinen eigenen echten Helpdesk haben. Dann müssen Sie einen externen Dienstleister bei jedem einzelnen Problem zu Rate ziehen, das Ihre ambitionierten Mitarbeiter nicht nebenher lösen können. Hier sind die Konflikte meist noch stärker als zwischen potentiell rivalisierenden Helpdesk-Gruppen. Zwar bestehen diese oft auch aus Mitarbeitern von externen Unternehmen (sog. Suppliern), aber man ist vor Ort und damit näher am Geschehen und meist auch mit langfristigen Verträgen an hoher Zufriedenheit des Kunden interessiert.

Anders ist das bei den Supportern, die Sie nur im Notfall anrufen. Oft sind dies kleinere Firmen, die so spezialisiert sind, dass selten eine alleine alle Ihre Probleme lösen kann. Wenn Sie dann versuchen, zwei Konkurrenten zu Ihrem eigenen Wohl zu koordinieren, werden Sie merken: IT-ler sind bisweilen ziemlich kleinkariert.

13. Systemprivilegien

Systemprivilegien sind das Herz der Administration. Ohne bestimmte Privilegien kann ein Supporter seine Arbeit nicht machen. Aber nicht immer benötigt jeder Administrator oder Operator (der von Administratoren vorgegebene Abläufe mehr oder weniger unabänderlich durchführt, quasi als Erfüllungsgehilfe) volle Systemrechte.

In großen Unternehmen kann es daher sinnvoll sein, verschiedene Hierarchien zu etablieren, die im Notfall aber oft dazu neigen, nicht zu funktionieren, um dann von den Beteiligten umgangen zu werden. Glauben Sie nicht, dass Sie einen $2^{nd}/3^{rd}$ Level Administrator irgendwie technisch davon abhalten könnten, auf ein Untersystem (zum Beispiel eine Datenbank auf Ihrem Server) zuzugreifen. Wenn er will und Zeit genug hat, dann kann er. Man mag ihm das nachweisen können, aber das ist nicht der Punkt.

Zwar schützen Sie mit einer Privileg-Hierarchie Ihre Systeme vor unbefugtem Zugriff und sind bzgl. gesetzlicher Auflagen eher in der Lage, klar zu dokumentieren, wer was darf und was nicht (Stichwort Innenrevision), aber im Notfall wird alles komplizierter.

Während ein Administrator mit vollen Rechten auf dem System üblicherweise ein schwerwiegendes Problem zum Beispiel damit lösen kann, dass er ein Kernel-Modul neu erstellt oder kurzerhand eine neue Softwarekonfiguration generiert, verzögert sich das, wenn er dafür erst den Kollegen mit dem Master-root-Passwort suchen muss, weil er mittels Security-Management prinzipiell auf das Lesen der benötigten Konfigurationsdateien beschränkt ist (zum Beispiel SeOS/eTrust). Spätestens beim zweiten Mal wird es dem betreffenden Kollegen zu lästig (denn er muss eventuell das Passwort selber eintippen gehen), und er sagt dem Admin alles nötige am Telefon durch – nur war das so nie gedacht.

Ein anderer Fehler, der gerne passiert, ist, dass die Master-Passwörter in den Händen Ihrer eigenen Mitarbeiter liegen, weil Sie es den Suppliern nicht geben wollen (man hat halt gerne die endgültige Kontrolle über seinen eigenen Computer, und was ist, wenn der Supplier morgen nicht mehr da ist?), diese Mitarbeiter aber nicht nah genug an der IT dran sind, um die Brisanz zu verstehen.

Es macht überhaupt keinen Sinn, die Master-Passwörter für UNIX-Server einem Mitarbeiter in die Hand zu geben, der zur Not nicht selber die Arbeit machen könnte (wenn auch langsamer als die „Freaks" und vielleicht weniger elegant, aber immerhin selber). Meistens werden solche Passwörter unter der Hand weitergegeben, weil es Ihrem Angestellten viel zu lästig ist, im Ernstfall den Profis im Weg zu stehen. Man wird auch mit kleineren Anfragen in Ruhe gelassen und kann sich seiner eigentlichen Arbeit zuwenden.

So funktionieren Sicherheitshierarchien *nicht*.

Die unpraktischste Maßnahme haben die Autoren in der Form erlebt, dass für einen bestimmten Server ein root-Passwort benötigt wurde, dafür musste ein Mitarbeiter des Unternehmens angerufen werden – der natürlich nicht da war, aber einen Vertreter hatte, den man herausfinden musste, weil der andere Kollege das gerade nicht wusste – dieser hatte dann den Schlüssel zu einem Safe, in dem ein versiegelter Umschlag lag, in dem das entsprechende Passwort notiert war.

Wenn Sie aus firmenpolitischen Gründen solche Maßnahmen benötigen, dann ist das halt so. Es ist aber definitiv nicht produktiv, sondern behindert die Arbeit sehr stark, weil meistens Systeme, die derartig gesichert sind, auch noch sehr wichtig sind und bei Ausfall entsprechend schnell wieder in Funktion kommen müssen.

Oft wird versucht, sich so gegen Datendiebstahl oder Sabotage zu sichern. Lassen Sie sich gesagt sein, dass das nicht funktioniert. Ein Admin kann Ihren gesamten Datenbestand (auch mehrere TeraByte) aus Ihrem Unternehmen heraus schaffen, und Sie merken davon exakt nichts.

Sabotage können Sie damit ebenfalls nicht verhindern, denn dafür braucht man zu den gesicherten Systemen meistens gar keinen Zugang. Man kann an viel banaleren Stellen ansetzen, um ganze Server-Farmen lahm zu legen oder – was viel schlimmer ist – falsche Ergebnisse produzieren zu lassen. Wenn jemand Ihre Datenbank zerstört – egal, Sie holen sie aus dem Backup zurück und arbeiten weiter. Wenn der Saboteur aber die niederen Systeme manipuliert (sagen wir mal, die Uhrzeit alle 5 Minuten um 1 Minute zurückdreht und Morgens um 6 Uhr wieder synchronisiert), haben Sie unter Umständen ein viel größeres Problem. Bis Sie das gefunden haben, sind Ihre Backups auch schon betroffen, und die Restauration unverfälschter Daten wird schwierig oder gar unmöglich.

Kontrolle ist gut, aber ohne Vertrauen geht es in der IT nicht, denn Sie können niemanden effektiv kontrollieren, dem Sie nicht wenigstens grundsätzlich Vertrauen entgegenbringen.

13. Systemprivilegien

14. Hilfsmittel und Software

Helpdesks und somit Administratoren und Operatoren arbeiten mit Hilfsmitteln meist in Form von Programmen und Tools (kleine Hilfsprogramme ohne aufwändige Interfaces und Dokumentationen, oft selbst entwickelt). Manche davon sind nützlich, andere sinnvoll, und wieder andere sind einfach nur unbrauchbar.

Viele Unternehmen messen die Sinnhaftigkeit eines Programms am Preis oder daran, wie etabliert das Produkt in der Fachwelt ist. Mit diesem Ansatz werden Sie zwei Arten von Produkten finden:

- Programme, die viel Geld kosten
- Programme, die andere gut finden

Sie finden aber nicht die Software, die Sie brauchen. Analysieren Sie genau, was Sie benötigen, es macht keinen Sinn für 100 Maschinen und drei Supporter ein teures Ticketsystem zu kaufen. Ebenso wenig macht es Sinn für 5000 Hosts und 200 Supporter Informationen nur per Email auszutauschen. Auch hier gilt: passen Sie die Tools der Komplexität Ihrer Umgebung an.

14.1. Kommerzielle Software

Oft begegnen uns Umgebungen, die mit Software zum Monitoring der User-Maschinen, Server, Netzwerk-Komponenten etc. völlig überfrachtet sind. Es wird für viel teures Geld etwas eingekauft, das im Hochglanz-Prospekt gut aussah und was der Vertriebsmitarbeiter des Herstellers auch in den schillerndsten Farben darstellen konnte. Oft genug haben Sie sich damit einen ganzen Haufen von Problemen eingekauft:

- die Software ist bisweilen zu teuer
- die Software kann viel zu viel und ist überladen mit Möglichkeiten
- Sie müssen Ihre Mitarbeiter teuer schulen

- eigene Erweiterungen sind manchmal nicht möglich

- wenn sich Ihre Umgebung zu stark ändert, ist die Software manchmal wertlos

Sie genießen natürlich auch die Vorteile:

- Sie haben professionellen Support für das Produkt

- es gibt meist viele vorgefertigte Lösungen, die auf Knopfdruck verfügbar sind

- bei großen Produkten (zum Beispiel Tivoli[1]) haben Sie einen gewissen Standard

Wenn Sie das brauchen, perfekt – kaufen Sie eine renommierte Software, und Sie sind auf der sicheren Seite. Dagegen ist absolut nichts einzuwenden.

Wenn allerdings die Nachteile (vielleicht insbesondere die Kosten) überwiegen, holen Sie lieber kreative Administratoren ins Boot, erweitern Sie Ihren Helpdesk da, wo es sinnvoll ist, und lassen Sie in einer einmaligen Anstrengung ein System zusammenstellen, dass genau Ihren Bedürfnissen entspricht.

Unter Umständen nageln Sie sich auch damit fest für die Zukunft, aber das tun Sie irgendwie mit jeder Lösung. Wenn Sie Ihren qualitativ hochwertigen Helpdesk in die Schaffung der Hilfsmittel mit einbeziehen, werden Sie bessere Gesamtergebnisse erzielen (und höhere Gewinne!), als wenn Sie doppelt so viele weniger gute Operatoren auf hochkarätige Software loslassen, die von diesen kaum bedient werden kann.

Nur selten benötigen Sie alle Features solcher Software und wenn, dann überlegen Sie gut, wen Sie da heran lassen. Allein die gute Software macht noch keinen guten Helpdesk: ein Administrator (oder Operator, der meint er wäre ein Administrator) kann mit einem einzigen Tastendruck unter Umständen mehr Schaden anrichten, als Ihr 2nd und 3rd Level zeitnah reparieren können. Investieren Sie auch in die Qualität der Mitarbeiter, nicht nur in die Qualität der Software.

---

[1](siehe Seite 131, Tivoli)

14.2. OpenSource, FreeSoftware

OpenSource, also Software, die offen für alle ist, hat, wie vieles auf der Welt, Vor- und Nachteile[2].

Der Vorteil ist, dass Sie in den Sourcecode reinschauen können, um gegebenenfalls Sicherheitsprobleme oder Verfahrensfehler zu finden. Einer der Nachteile ist, dass das niemand tut und sich trotzdem in Sicherheit wiegt.

FreeSoftware ist meistens, aber nicht immer, OpenSource und darf frei verwendet werden, während non-free-Software zwar OpenSource sein kann, aber kommerziell nur mit einer gegebenenfalls kostenpflichtigen Lizenz betrieben werden darf.

Ihre Administratoren (nicht unbedingt der 1st Level, aber ab 2nd Level) werden eher einen Überblick haben, was man machen kann und was gegebenenfalls kostenpflichtig oder kostenlos ist.

Scheuen Sie nicht den Einsatz von OpenSource (wir verstehen FreeSoftware hier der Einfachheit halber implizit), weil es nichts kostet (ein beliebtes Argument).

Scheuen Sie OpenSource auch nicht, weil es ja keinen gibt, den Sie verklagen können, wenn die Software nicht funktioniert, das ist Unsinn – Sie verklagen auch nicht Microsoft wegen eines Sicherheitslochs oder einer fehlerhaften Kernelfunktion. Ebenso wenig verklagen Sie Ihren Softwarelieferanten, wenn etwas nicht funktioniert, Sie wollen dann nur eine korrigierte Version, denn jeder, der mit Software arbeitet, weiß, dass sie niemals zu 100% funktioniert.

Es mag Fälle geben, da wollen Sie einen Softwareanbieter in Regress nehmen. Wenn Sie diesen kritischen Teil aber von einem Dienstleister betreuen lassen, ist es sein Problem, ob OpenSource oder nicht das Problem ausgelöst hat, und Sie müssen sich mit dem Softwarehersteller gar nicht mehr beschäftigen.

Wenn Sie in der glücklichen Lage sind, Ihre Helpdesks völlig neu aufzubauen, erarbeiten Sie eine gemeinsame Lösung für zum Beispiel ein Ticketsystem. In kleineren Umgebungen wird ein Linux-PC genügen, auf dem alle

---

[2]Extremisten werden meistens die Nachteile mit wahnwitzigen Argumentationsketten zu missverstandenen Vorteilen umdeuten wollen.

anfallenden Aufgaben in Form einer Webschnittstelle programmiert werden können. In großen Umgebungen wird es vielleicht doch kommerzielle Software, weil sie Auswertungsmöglichkeiten bietet, die Sie als Unternehmen gerne hätten. Lassen Sie Ihre Fachleute eine Testversion bestellen und alle wichtigen Funktionen explizit testen. Zu oft schon wurde Software aufgrund der Hochglanzprospekte des Herstellers und dem Rat eines einzelnen Mitarbeiters gekauft, um dann hinterher festzustellen, dass man leider an der Realität des eigenen Unternehmens vorbei investiert hat.

Scheuen Sie nicht den Einsatz von OpenSource, weil gegebenenfalls das Know-How nicht beim Helpdesk des Herstellers abrufbar ist – wenn Sie Ihre Administratoren irgendwann durch andere ersetzen müssen und diese im gleichen Maße qualifiziert sind, ist das kein Problem. Es kostet schlimmstenfalls etwas Zeit, bis sich die neuen Kollegen mit der vielleicht ungewohnten Software arrangiert haben (Stichwort Dokumentation).

Es gibt Unternehmen, da ist aus Gründen der Firmenpolitik der Einsatz von OpenSource verboten. Das ist schade, denn Ihre Administratoren kennen viele Tools, die die Arbeit stark vereinfachen. Sie verschenken Potential (das Sie ja teuer bezahlen), wenn Sie Ihre Administratoren der höheren Level in ein zu enges Korsett zwängen.

Wir haben erlebt, dass durch den Einsatz von OpenSource Probleme gelöst werden konnten, die mit kommerziellen Lösungen zehntausende von Euro gekostet hätten – die aber niemand investieren wollte. Also hat man jahrelang mit halbseidenen und völlig untauglichen Verfahren gearbeitet, wobei ganz klar Mitarbeiterzeit und -produktivität vernichtet wurde. Die größte Einsparung für den Kunden bestand darin, dass er für uns mehr Geld ausgegeben hat als für unsere Vorgänger, die leider mit OpenSource nicht vertraut waren. Sie haben nicht über den Tellerrand geblickt und somit brachliegendes Potential für die Benutzer nicht ausgeschöpft, wodurch die Produktivität hinter den Möglichkeiten zurückgeblieben ist.

Wenn in Ihrem Unternehmen keine Beschränkung bzgl. OpenSource besteht, holen Sie einen qualifizierten Dienstleister ins Boot. Es gibt Bereiche der IT, da sind diese Lösungen sehr viel günstiger als kommerzielle Ansätze, auch wenn Ihnen die entsprechenden Firmen mit TCO (Total Cost of Ownership) und anderen Verfahren die Ergebnisse schlecht rechnen. OpenSource kann jeder betreuen, der Ahnung von der Materie hat, wenn er etwas Zeit investiert, um die Dokumentation zu lesen. Kommerzielle, nicht-offene Software, kann oft nur der Hersteller korrekt warten! Egal wie viele Programmierer Sie dazu holen, an diese Software kommen

Sie nicht dran. Bei OpenSource werden Sie immer zu einer Lösung kommen können. Selbst wenn das im Einzelfall einmal teurer sein sollte (was eher unwahrscheinlich ist, sofern Sie qualifizierte Administratoren dabei haben). Auf lange Sicht rechnet es sich immer (wenn auch nicht immer in allen Bereichen). Sie brauchen unbedingt Ihre Administratoren als Berater diesbezüglich, und je besser die sind, desto besser wird das Ergebnis ausfallen.

Wir stellen Ihnen im Anhang einige OpenSource Projekte vor, die für Ihren Helpdesk sinnvoll sein können. Bestehende Urheberrechte liegen bei den jeweiligen Institutionen und Autoren. Bitte prüfen Sie vor jedem Einsatz, ob Sie gegebenenfalls eine Lizenz verletzen (in der Regel nur dann, wenn Sie Komponenten weiterverkaufen oder modifizierte Derivate verteilen).

14.3. Dokumentation

Administratoren dokumentieren nicht gerne.

„Gute Software ist selbst-dokumentierend"
„Standards muss man nicht dokumentieren"

Das werden Sie in verschiedenen Abwandlungen zu hören bekommen – ignorieren Sie es, es ist Unsinn. Dokumentation muss sein. Ärgerlicherweise lösen Sie als Unternehmer/Verantwortlicher Fehlverhalten unter Umständen selber aus. Wenn Sie beständig Kostendruck aufbauen, werden Ihre externen Dienstleister ständig in der Angst leben, sich selber wegzurationalisieren, wenn sie Scripte, Tools und spezielle Verfahren allzu offen legen. Man lebt ein wenig von der Magie des Gurus, und oft genug fragt sich der unbedarfte Mitmensch, wie man aus dem Zahlengewirr, blinkenden Icons und durchrauschenden Meldungen am Bildschirm überhaupt etwas erkennen kann.

Seien Sie sicher, auch Administratoren kochen nur mit Wasser – sie kennen aber mehrere Arten es heiß zu kriegen und sogar es heimlich verkochen zu lassen, um Ihnen hinterher einen Eiswürfel zu präsentieren.

Ihre Dienstleister werden wesentlich mehr dokumentieren und ihre Verfahren offen legen, wenn Sie ihnen die Angst nehmen sich damit wegzurationalisieren. Auch Administratoren sind Menschen und haben Ängste, und insbesondere sind Administratoren vom Typ „Freak" oder „Guru" Menschen, die nicht begreifen, dass man alles auf Kosten reduziert. Es sind oftmals Eigenbrötler mit altruistischer Grundeinstellung.

Sie haben nicht notwendigerweise bei kleineren IT-Dienstleistern hochka-
rätiges Vertriebspersonal, sondern verhandeln mit Menschen, die in der
Technik zu Hause sind. Kaufmännische Abstraktion gehört hier nicht immer zum Repertoire. Behalten Sie dies bei Verhandlungen im Hinterkopf,
und wundern Sie sich nicht über kaufmännisch irrationale Reaktionen.

Formulieren Sie Ihre Wünsche direkt und eindeutig. Wenn Sie einen Preis-
nachlass verhandeln wollen, vermeiden Sie es, die Arbeit und die Fähigkeiten der Supporter herabzuwürdigen. Supporter und die, die sie Ihnen
verkaufen möchten, erwarten in der Regel nüchterne und sachliche Verhandlungen. Elemente zwischenmenschlicher Natur oder Klischees wirken
abschreckend.

Wenn Sie sich das Ziel gesetzt haben, 10% der Kosten einzusparen, dann
teilen Sie das Ihren Verhandlungspartnern mit. Im Ergebnis wird man
Ihnen mitteilen, ob und wie diese Einsparung möglich ist, ob Sie gegebenenfalls auf Qualität verzichten müssen oder auch nicht.

Sie selber haben durch die Offenheit nur Vorteile, denn der Anteil der
Shadow-IT wird zurückgehen, weil alles offener und besser dokumentiert
ist. Und sollten Sie wirklich einmal den Dienstleister wechseln, oder Ihre
Mitarbeiter das Unternehmen verlassen und andere nachrücken, werden
Sie weniger Reibungsverluste haben, als wenn die neuen Supporter sich
erst 3 Monate einarbeiten müssen.

14.3.1. Was muss dokumentiert werden?

Alles, was nicht einem wohldefinierten Standard – Ihrem eigenen oder einem allgemeinen entspricht.

Üblicherweise wird die Dokumentation zum Beispiel eines Servers folgen-
des umfassen:

- Konfiguration zum Zeitpunkt der Erstinstallation (Hardware und
  Software)

- Anbindung ans Netzwerk (zum Beispiel Switchport oder Zuleitungs-
  nummer etc.)

- Zugriffsmöglichkeiten (zum Beispiel Console, Terminalserver – jeweils mit Zugangsdaten und Infos)

- Systeminstallation (zum Beispiel „gemäß internem Serverstandard xy" oder „Debian Standard Installation für LAMP-Systeme ohne Paketmodifikation, v3.1r1"

- Detaillierte individuelle Systemkonfiguration (Betriebssystem, Zusatzmodule, Spezialwerte)

- Detaillierte individuelle Softwareinstallation und -konfiguration (zum Beispiel bestimmte Datenbankeinstellungen etc.– am besten die Konfigurationsdateien beilegen)

- Wartungsverfahren, inkl. Automatikprogrammen zur Überwachung, Analysezyklen etc.

- Liste aller relevanten Systemzugangs-Accounts

- Wie wurden im zeitlichen Verlauf die oben genannten Dinge modifiziert, zum Beispiel genauer Grund und Datum für Hardwareaustausch oder elementare Datenbankneukonfiguration etc.

Sie können das beliebig weiter vertiefen, es ist die Frage, ob es für Sie Sinn macht. Die Literatur zu dem Thema ist breit gestreut, lesen Sie sie, wenn Sie Spaß daran haben, aber nutzen Sie kein Dokumentationssystem, nur weil es gut aussieht oder gerade der Branchenstandard ist. Nutzen Sie es, wenn Sie einen Mehrwert für Ihr Unternehmen darin erkennen können, dann auch gerne, weil und obwohl es gut aussieht und Branchenstandard ist.

Viel wichtiger als eine übertriebene Detailtiefe der Dokumentation ist ein sicherer Notfallplan (siehe Kapitel 12, ITPM). Wann muss wie auf welches System umgeschaltet werden, wen muss man wann anrufen etc. Diese Notfallpläne sollten Sie regelmäßig testen (auch nützlich, um festzustellen, ob Ihre Backups überhaupt funktionieren), inklusive aller beteiligten Komponenten. Am besten geht das natürlich, indem Sie erst prüfen, ob Ihre Backups in Ordnung sind und dann zum Beispiel einem Server den Stecker ziehen. Alles andere ist graue Theorie, und Sie werden nie wissen, wie gut oder wie schlecht Ihr Helpdesk mit dem Problem fertig wird. Leider hat man diese Möglichkeit nicht immer.

Dieser Notfallplan führt automatisch zu einer Dokumentation der vitalen Systeme und Daten.

Dokumentation muss nicht immer als Ausdruck vorliegen, aber viele ziehen es vor, wenigstens eine Kopie auf Papier zu haben. Üblicherweise werden Ihre Dokumentationen in elektronischer Form vorliegen. Hierbei bietet es sich nicht unbedingt an, das mit einer Textverarbeitung einzeln zu pflegen, besser ist ein Dokumentationssystem. Auch hierfür gibt es kommerzielle Programme und Lösungen aus dem OpenSource Bereich. Alternativ – für einfache Anwendungen – ist das auch schnell selber geschrieben.

Teil IV.

Menschen

Abhängig von der Größe Ihres Unternehmens und des I T-Bedarfs werden Sie Spezialisten für einen oder mehrere dieser Bereiche haben, gegebenenfalls ganze Abteilungen, manchmal aber auch nur zwei Kollegen, die nebenher alles betreuen.

Diese Kollegen, Abteilungen und/oder Spezialisten sind Ihre Administratoren und Operatoren, und wenn diese „Admins" oder „Ops" einem anderen Kollegen, einer anderen Abteilung, bei einem I T-Problem weiterhelfen, sind sie automatisch auch „Der Helpdesk". Sie sehen, die Grenzen zwischen der Institution und den Personen sind fließend.

Von all diesen Personen werden Ihre Benutzer betreut. Ihre Benutzer haben meist wenige oder oft unvollständige Kenntnisse von der EDV, mit der sie Ihre tägliche Arbeit verrichten, und dies führt zu Schwierigkeiten bei der Qualifikation von Problemen und dem Verständnis, was ein Helpdesk wie tut.

15. Benutzer

Benutzer sind ganz eigene Menschen, sie wollen immer alles, sie wollen es sofort, und keine Arbeit ist wichtiger als die eigene. Um einen guten Support zu erhalten, müssen Sie ein gewisses Augenmerk auf die Benutzer richten und die Anfragen in vorherbestimmte Bahnen lenken, da Sie ansonsten einen Wildwuchs an Anfragen erhalten. Das mag in einem kleinen 5-Mann Unternehmen prima funktionieren, bei 500 Mitarbeitern wird es im Chaos enden.

Nehmen Sie auch die Benutzer in die Pflicht. Es macht keinen Sinn, wenn jeder Benutzer mit jedem Problem zu jeder Zeit überall anrufen kann oder in das Büro der Supporter spaziert und die sofortige Lösung seiner Probleme einfordert. Das passiert im Notfall noch oft genug, aber machen Sie in Ihrem Unternehmen klar, dass die Supporter nur dann effizient helfen können, wenn Sie alle Informationen ordentlich kanalisiert bekommen.

Nicht falsch verstehen: Natürlich soll jedes Problem gemeldet werden, und man sollte mit einer schnellen Lösung rechnen dürfen. Aber die Einstufung nach Dringlichkeit ist ein wesentliches Ordnungsmittel, das dem Support die Arbeit erleichtert. Ihre Benutzer sollten eine grobe Richtlinie haben, welche Art von Problemen wie dringend ist, und ab wenn sie gegebenenfalls auch offiziell die normalen Meldestrukturen überspringen dürfen. Dadurch wird potentieller Missbrauch eingegrenzt und Ihr Helpdesk geschont.

15. Benutzer

16. Supporter

16.1. Administratoren

Administratoren sind diejenigen Ihrer Support-Mitarbeiter, die kreativ Lösungen erarbeiten und Probleme in der Tiefe verstehen können. Es gibt – wie immer – gute, sehr gute, geniale und schlechte Administratoren.

16.1.1. Der Scotty-Effekt

Der Scotty-Effekt geht auf den Chefingenieur der alten TV-Science Fiction-Serie Raumschiff Enterprise zurück (Sie wissen schon: Captain Kirk und Mister Spock). Mr. Scott wurde gerne gefragt, wie lange er braucht, um dieses oder jenes zu reparieren. Er antwortete dann zum Beispiel „Captain, das dauert mindestens zwei Tage". Darauf dann Captain Kirk: „Scotty, Du hast 1 Stunde, länger nicht" Und – Simsalabim – nach 30 Minuten war es erledigt. Und Mr. Scott konnte wirklich alles reparieren.

Daraus lassen sich einige Dinge für die IT, insbesondere für qualifizierte Administratoren ableiten:

- gute Administratoren setzen immer etwas mehr Zeit an, es könnten unvorhergesehene Teilprobleme beteiligt sein (objektive Reserve)

- gute Administratoren bauen sich immer eine Sicherheitsreserve ein, man will das Problem nachhaltig lösen und nicht nur im Vorbeigehen eliminieren (subjektive Reserve)

- gute Administratoren haben die Dringlichkeit im Blick (wenn man ihnen die nötigen Infos liefert und sie involviert) und liefern Ergebnisse nur dann zu spät, wenn es wirklich nicht anders geht

- Pochen Sie nicht darauf, Ergebnisse dann haben zu wollen, wenn sie fertig sind, sondern setzen Sie einen Maximalrahmen, üblicherweise wird Ihre Vorgabe um bis zu 25% unterschritten werden, wenn die Vorgabe realistisch war und keine völlig unvorhersehbaren Ereignisse auch die Reserven aufgezehrt haben.

- gute Administratoren können immer alles lösen, oder sie sagen rechtzeitig Bescheid

Die Kunst ist, herauszufinden, wer von Ihren Supportern ein Scotty ist und wer nicht. Ärgern Sie sich nicht, wenn einer der Scotties im Internet surft oder in der Cafeteria sitzt, obwohl er doch an Ihrem Problem arbeiten soll: Er arbeitet gerade – auch wenn Sie es nicht sehen/glauben.

- er braucht vielleicht gerade etwas Zerstreuung, um besser nachdenken zu können

- ein Script läuft und muss gerade nicht kontrolliert werden

- er ist schon fertig und wartet bis die 25% Zeitreserve erreicht sind

Damit können Sie leben. Es mag Sie persönlich ärgern, aber Sie können damit leben. Und dann lassen Sie es auch dabei! Wenn Sie das ständig nachkarten, werden Sie irgendwann exakte Zeitrahmen bekommen, die sklavisch eingehalten werden, und Sie kriegen nichts mehr vor der Zeit geliefert.

Sie können gegebenenfalls die subjektive Reserve etwas abschmelzen, das sollten Sie aber mit dem Administrator besprechen. Er wird es nicht verstehen, wenn Sie keine schöne Lösung wollen, sondern einfach nur eine Lösung, aber er wird auf Eleganz verzichten, obwohl er nichts mehr liebt als diese Eleganz. Mit Muskelkraft kann es jeder, Scotties arbeiten hingegen mit Verstand und sind in gewissem Sinne Künstler, und genau so launisch können sie sein. Pflegen Sie sie, denn diese Supporter lösen Ihre Probleme nachhaltig und somit kostengünstig, auch wenn sie dabei im Internet surfen oder Kaffee trinken.

Funktioniert die 25%-Unterschreitung grundsätzlich nicht, so kann dies mehrere Gründe haben. Entweder Sie haben keinen echten Scotty an der entsprechenden Stelle sitzen, dann müssen Sie gegebenenfalls Ihre Qualifikationsprofile prüfen, oder aber die Vorgabe ist zu komplex oder zu schwierig, um überhaupt erfüllt zu werden. In diesem Fall müssen Sie die Problematik neu aufrollen, ob Sie Faktoren übersehen oder falsch bewertet haben. Geschieht dies öfter, sollten Sie alle Probleme in größerer Runde vollständig erläutern, um alle noch so kleinen Faktoren aufzuspüren, die Sie für die Vorgabe benötigen. Stellen Sie auch Ihre eigenen Ansprüche auf den Prüfstand.

16.2. Operatoren

Operatoren bezeichnen sich gerne auch als Administratoren, und Administratoren wehren sich ebenso gerne dagegen. Der Übergang ist fließend und die Unterscheidung bisweilen Haarspalterei, aber prinzipiell ist ein Operator der, der nach einem festen Schema Prozeduren durchführt, ohne dabei ein Problem zu analysieren oder eigene Lösungsansätze zu schaffen.

Früher, in den großen Rechenzentren, mit häusergroßen Rechenmaschinen mit den Fähigkeiten eines heutigen Taschenrechners, machte es Sinn: da gab es zwei Administratoren vom Typ „Guru/Scotty/Genius", die alles lösen konnten, was auftrat, und einen Haufen Operatoren, die Bänder gewechselt und Kabel gemäß Plan gestöpselt haben, ohne wirklich zu verstehen, was sie tun.

Die Grenzen sind heutzutage fließend, der reine Operator existiert heutzutage nicht mehr, trotzdem benutzen wir die Begriffe, um die verschiedenen Qualifikationsstufen Ihrer Support-Mitarbeiter (das sind sie dann nun wieder alle) zu verdeutlichen.

16. Supporter

17. Manager

Auch Manager sind Menschen. Manager selber verdrängen das gerne, und Benutzer und Supporter verweigern diese Einsicht bisweilen auch mit hübscher Regelmäßigkeit. Unter Manager verstehen wir hier alle, die einen Helpdesk zu koordinieren haben, die für den reibungslosen Ablauf der IT zuständig sind. Das umschließt also sowohl den 2-Mann-Unternehmer als auch den EDV-Abteilungsleiter eines Großkonzerns.

Admins stehen Managern sehr kritisch gegenüber. Ebenso wie Admins gerne als „Freaks" bezeichnet werden, reden Admins von Managern als „Krawattis". Man nimmt sich gegenseitig oft genug nicht ernst, weil man von seinen eigenen Vorstellungen und Werten ausgeht. Als Manager sollten Sie damit umgehen können. Admins müssen Sie gegebenenfalls aktiv auf ein potentielles Fehlverhalten aufmerksam machen.

Es ist wichtig, dass Benutzer und Supporter nie aus den Augen verlieren, wer letztendlich die Entscheidungen trifft. Man darf diese kritisieren und als unsinnig deklarieren, aber wenn Sie als Verantwortlicher sagen, wie etwas zu machen ist, dann sollte das auch so gemacht werden.

Kritik wird in sachlicher Form vorgebracht und dann wird mit vollem Einsatz versucht, auch zum scheitern verurteilte Ansätze bestmöglich umzusetzen.

17. Manager

18. Jeder ist wichtiger!

Üblicherweise funktioniert in der heutigen Zeit nicht mehr viel ohne Computer und IT, deshalb nehmen sich die Kollegen vom Helpdesk meistens als recht wichtig aus. Das vertrackte daran ist, dass es stimmt, allerdings übertreiben es einige gerne mit der Darstellung und maßen sich oftmals einen Ton und ein Gehabe an, das ihnen nicht zusteht.

Ohne IT produzieren Ihre Angestellten unter Umständen nichts mehr, Produktionsstätten stehen still, Korrespondenz bleibt liegen, Meetings werden verpasst etc.

Jeder der drei oben genannten Teilbereiche hält sich selber für den wichtigsten. Das ist etwas, das man täglich erlebt, und es ist völlig egal, ob es dabei um das Kleinunternehmen mit 1 Administrator oder den Global-Player mit 10 verschiedenen Spezial-Supportabteilungen zu je 20 Mann geht.

Die Kunst besteht darin, alle drei Bereiche (oder mehr, wenn Sie zum Beispiel noch spezielle Applikations-Supporter haben) so zu vereinen, dass sie reibungslos zusammenarbeiten, ohne sich dabei zu zerfleischen. Gerne wird zwischen diesen Bereichen „Management by Pingpong gespielt", man gibt den Vorgang solange leicht variiert zurück, bis die vermeintliche Gegenseite entnervt aufgibt und sich anderen Problemen zuwendet.

Das darf nicht passieren, denn darunter leiden nur Ihre Benutzer und damit die Produktivität Ihres Unternehmens.

Es darf aber ebenfalls nicht passieren, dass der ein oder andere Bereich sich freudig auf ein kleines, aber interessantes Miniproblem stürzt und dabei die großen Standardprobleme aus den Augen verliert, die täglich auftreten. Wie bei allen Geschäftsvorgängen muss auch der Helpdesk und Support im gesunden Mittelmaß operieren.

Gefährlich wird es, wenn einer der Bereiche auf dem Standpunkt steht, dass das, was der Kollege vom Helpdesk x da sagt, gar nicht sein kann, und der ja sowieso keine Ahnung davon hätte. Dabei soll es durchaus schon vorgekommen sein, dass aufgrund der Art der Benutzung von Strukturen, die von anderen betreut werden, ein Supporter, der ganz woanders arbeitet, Probleme aufgespürt hat, auf die die Fachabteilung selber nicht gestoßen wäre (Stichwort: Betriebsblindheit).

Teil V.

Kaufmännisches

19. Service Level Agreements

Wenn Sie Ihren Helpdesk von einem Anbieter in Ihrem Haus einrichten und betreiben lassen wollen oder einen externen Helpdesk installieren wollen, dann brauchen Sie eine Vereinbarung, einen Vertrag, mit der Fremdfirma. Dabei werden Sie das Bedürfnis haben, besondere Aspekte darin zu regeln. Sie werden insbesondere die Qualität und Zuverlässigkeit festschreiben wollen. Vor allem, um die Leistung kontrollieren zu können. Und Sie werden die Nichterbringung der Leistung abstrafen wollen. Diesen Bedürfnissen wird ein S L A (Service Level Agreement) gerecht. Die deutsche Übersetzung „Leistungsstandard-Vereinbarung" verdeutlicht schon, worum es dabei geht: Sie vereinbaren mit dem Dienstleister, welche Leistungen (Services) erbracht werden sollen und zu welchem Standard (Level).

19.1. Individualismus

Normalerweise kauft man Leistungen „mittlerer Art und Güte" ein; doch in der I T gibt es meist keinen mittleren Standard. Selbst wenn: Dieser wäre nicht sachgerecht. Sie brauchen eine maßgeschneiderte, auf Ihre individuellen Bedürfnisse angepasste Leistung.

Und eine individuelle Leistung braucht eine individuelle Vereinbarung.

Genau hier setzt der S L A an. Es werden Rahmenbedingungen definiert, die (unter Umständen auch nur) für Ihr Unternehmen gelten.

Damit vermeiden Sie auch im Worst-Case unbillige Ergebnisse. Denn wenn Ihr Anbieter schlecht oder vielleicht sogar gar nicht leistet, würden die gesetzlichen Regelungen gelten. Diese sind aber dispositiv in weiten Teilen, und Sie können davon in einer individuellen Vereinbarung abweichen. Gerade weil es sich in der Regel um einen Langzeitvertrag handelt und dieser zumeist auch noch komplexe Inhalte haben wird, sollten Sie hier für Sie passende Regelungen treffen. Nutzen Sie die Vertragsfreiheit, um optimale Ergebnisse auch im Krisenfall zu erzielen. Denken Sie daher auch an ein eigenes Sanktionssystem, was dann greift, wenn Ihr Anbieter nicht vertragsgemäß handelt. Auch das kann ein S L A leisten.

Aber ein S L A ist kein Allheilmittel, er ersetzt (wir wiederholen uns an dieser Stelle gerne) nicht Ihren gesunden Menschenverstand und keine Führungsqualitäten.

19.2. Verfahrensanleitung

Man kann den S L A fast schon mit einer Art Betriebshandbuch vergleichen. Schnittstellen und Verantwortungsbereich werden in einem S L A ebenfalls festgelegt. Idealerweise finden Sie und Ihr Dienstleister hier eine genaue Anleitung für den Fall der Leistungsstörung. Das umfasst das Vorgehen, wie Störungen gemeldet werden, Fristen und Ansprechpartner. Der S L A ist daher auch mehr als nur ein Pflichtenheft. Sie erkennen sicherlich, wie wichtig eine solche Vereinbarung ist. Im Folgenden finden Sie daher eine vertiefte Darstellung einiger exemplarischer, typischer Inhalte eines S L As.

19.3. Sprache und Erstellungszeitpunkt

Zunächst sollten wir ein paar Grundsätze des S L As beachten: Da der S L A meistens von den Technikern und nicht von den Firmenjuristen verwendet wird, sollte er eine klare Sprache haben. Verfassen Sie daher den S L A in jedem Fall in Zusammenarbeit mit den Technikern und formulieren Sie den Text eindeutig und klar. Vermeiden Sie komplexe, verschachtelte Sätze, und formulieren Sie zielgerecht. Mehrdeutige Punkte sollten vermieden werden.

Bei der Erstellung sollten Sie nicht nur die eigenen Techniker hinzuziehen, sondern auch oder vor allem die des Dienstleisters. Die Einigung auf den S L A sollte vor der Preisgestaltung passieren.

Das frühzeitige Festschreiben der Quantität und Qualität der Leistung verbessert Ihren Standpunkt in den Preisverhandlungen. Ihr Anbieter kann von Anfang an mit den Anforderungen planen und genauer kalkulieren. Diese Sicherheit kann sich im Preis niederschlagen. Des Weiteren eröffnen Sie Ihrem Dienstleister auch Einsparungspotential, was letztlich auch wieder Ihnen zugute kommen kann.

19.4. Inhalt des S L A

Während im Rahmenvertrag nur die grundsätzlichen Pflichten und Rechte der Parteien vereinbart werden (wie zum Beispiel die Zahlungsmodalitäten), ist der S L A das Kernstück des Vertrages. Der S L A wird manchmal auch als Anhang zu einem Vertrag genommen.

Im S L A werden alle Leistungen möglichst detailliert beschrieben. Die gängigsten Parameter sind dabei Problemtypen, Zuständigkeiten, Reaktionszeiten und Verfügbarkeit. Wann reagiert Ihr Helpdesk auf welche Probleme und zu welchen Zeiten.

19.4.1. Verfügbarkeit

Die Verfügbarkeit ist oftmals der wichtigste Punkt des S L As, da die Verfügbarkeit des Service für Ihren Betrieb der I T besonders wichtig ist. Sie sind auf die Funktionsfähigkeit Ihrer I T angewiesen, um Ihre Leistungen gegenüber Ihrem Kunden erbringen zu können. Achten Sie daher darauf, dass der Helpdesk zu Ihren Betriebszeiten verfügbar ist. Beachten Sie dabei, dass Sie zu gewissen Zeiten nicht alle Leistungen (sofort) benötigen. Vermeiden Sie aber trotz aller Bedürfnisse unnötige und über-komplexe Regulierungen, diese werden sich im Ernstfall gegen Sie wenden – je komplexer eine Regelung ist, desto mehr „Schlupflöcher" enthält Sie auch. Es empfiehlt sich, den Bedarf an Service über größere Zeiträume zu analysieren, damit auch Spitzen erfasst werden, und nicht Sonderheiten wie Urlaubszeiten die Daten verfälschen. Gerade bei der Verfügbarkeit entsteht schnell ein Kostenmultiplikator.

19.4.2. Service Zeiten

Legen Sie fest, an welchen Tagen und zu welchen Tageszeiten (zum Beispiel von 7 Uhr morgens bis 19 Uhr abends) Sie den Helpdesk besetzt wissen wollen. Bedenken Sie dabei, dass die Preisgestaltung dabei nicht unerheblich davon beeinflusst wird. Denken Sie nur daran, dass jeder Zeitraum größer als 8,5 Stunden am Tag schon eine Kostenexplosion bedeuten kann, denn Ihr Dienstleister wird unter Umständen einen Schichtbetrieb einrichten müssen. Dieser verursacht höhere Kosten und wird sich konsequenterweise in der Preisgestaltung niederschlagen. Nutzen Sie hier die Möglichkeit einer Vertragsanpassung. Vereinbaren Sie eine feste Erprobungsphase, und

Rahmenvertrag

1. Dienstleister erbringt die Leistung A gemäß dem SLA (Anhang A) vom 1.1.2010 bis einschließlich 31.12.2010.
2. Der Leistungsnehmer zahlt hierfür €400.000,00.
3. Die Rechnungsstellung und Zahlung erfolgt in 12 gleichen Teilzahlungen monatlich, jeweils zum 15. des Folgemonats des Leistungsmonats.

(...)

Anhang A

Service Level Agreement (SLA)

- Verfügbarkeit / Zeiten
  Die Leistung wird werktags von 7:00 Uhr bis 18:30 erbracht. (...)
- Leistungsbeschreibung

  Reaktionszeiten

Global	TTF	1 Stunde
Urgent	TTF	4 Stunde
High	TTF	24 Stunden
Medium	TTF	1 Woche
Low	TTF	1 Monat

  (...)
  Services 1st Level
    − Passwort Resets
    − Telefon-Umzüge
    − (...)
- Leistungskontrolle
- Sanktionen
- Außerordentliche Kündigung

Abbildung 19.1.: Aufbau Rahmenvertrag, Beispiel

stellen Sie die Parameter dar. Sie können die ersten Wochen nutzen, um die Akzeptanz eines Helpdesks zu erproben und Kernzeiten zu etablieren. Eventuell anfallende Überstunden sollten nur nach Bedarf anfallen und abgerechnet werden. Nach dieser Phase können Sie ein gemeinsames Meeting ansetzen und die Ergebnisse besprechen. Diese Phase kann auch in Stufen unterteilt werden. Tasten Sie sich so einfach an Ihre tatsächlichen Bedürfnisse heran, und sparen Sie unnötige Kosten. Natürlich brauchen Sie dieses Vorgehen nicht, wenn Sie bereits entsprechende Daten haben und genau wissen, welche Zeiten wie abgedeckt werden sollen.

19.4.3. Reaktionszeit

Wenn Sie die Reaktionszeit bestimmen wollen, stellt sich zunächst die Frage, welcher Zeitraum beschrieben wird.

> Der Beginn der Tätigkeit, also Antritt- oder Antwortzeit, zum Beispiel Eröffnung des Trouble Tickets: T T R (Time-To-Respond).

oder

> Der Zeitraum der Behebung, also Problemlösungs- oder Bearbeitungszeit: T T F (Time-To-Fix).

Beachten Sie, dass der Zeitraum sich aber nur auf die festgelegten Servicezeiten beziehen kann (siehe Seite 91, Verfügbarkeit). Empfehlenswert ist dabei eine abgestufte Vereinbarung. Regelmäßig wird auf ein dreistufiges System zurückgegriffen, wie es im ersten Teil des Buches schon erläutert wurde (1st, 2nd und 3rd Level Helpdesk); *Grundsätzlich gilt: Je gravierender die Störung ist, umso schneller muss die Störung beseitigt werden.* zum Beispiel: Antwortzeit 1st Level: 8 Stunden, 2nd Level: 4 Stunden

Meantime to Repair

Es kann auch eine Durchschnittsgröße für die Zeit festgelegt werden, in der ein Problem gelöst werden soll, die so genannte M T T R (Meantime to Repair). Dabei muss sich diese aber auf einen Zeitraum (Tag, Woche, Monat oder Jahr) beziehen, wobei sich die Ausgestaltung einer Obergrenze empfiehlt, wie lange eine Störungsbeseitung maximal dauern darf, bevor eine (wie auch immer geartete) Eskalation stattfindet (hat zum Beispiel der 1st Level Helpdesk das Problem nach der definierten Zeit nicht gelöst, muss er es umgehend an den 2nd Level weitergeben etc.).

Reaktionsquote

Des Weiteren ist die Definition einer Reaktionsquote sinnvoll, also die Vereinbarung eines prozentualen Anteils der Störungen, auf die innerhalb einer vereinbarten Reaktionszeit reagiert wird.

Es bietet sich an, diese Zahl monatlich zu ermitteln. Sie ist ein gutes Maß für die Auslastung des Helpdesks. Anhand dieser Daten können Sie erkennen, wo Sie Engpässe haben, wo gegebenenfalls Personal fehlt, oder Umstrukturierungen nötig sein könnten.

19.4.4. Menge der Service Level und Gewichtung

Die Anzahl der Service Level (also der jeweils im einzelnen geregelten Arbeitsbereiche) erhöht automatisch den Preis, da der Dienstleister mehr Services überwachen muss. Es empfiehlt sich, eher weniger Services zu vereinbaren und damit einen besseren und schnelleren Überblick zu haben. Dann kann auch die Gesamtqualität schneller und überschaubarer gemessen werden.

Wenn Sie einen Dienstleister unter Vertrag nehmen, der über hochqualifizierte Techniker verfügt, ist ein S L A für alle Einzelheiten auch nicht notwendig, vielmehr können Sie Probleme in unwichtigeren Bereichen mit den unten beschriebenen Sanktionsmethoden relativieren, sofern es nötig wird.

Sehr wichtig ist es, sog. Key Service Levels (oder Key Performance Indicator) festzulegen, die für den Geschäftsbetrieb besonders entscheidend sind. Die Gesamtbewertung sollte stärker vom Erreichen dieser Key Service Levels abhängen, und die Sanktionen sollten hier schärfer sein. Üblicherweise werden Sie hier nur die kritischsten Unternehmensbereiche abbilden.

Sanktionen

Ein S L A wäre unvollständig, wenn er nicht auch Sanktionen für den Fall enthielte, dass der Dienstleister die definierten Service Levels nicht erfüllt. Wie bereits oben ausgeführt, sind die gesetzlichen Bestimmungen häufig unpassend oder nicht ausreichend; insbesondere müssen Sie im Fall der Schlechtleistung das Verschulden des Dienstleisters darlegen und nachweisen. Genau das ist aber im Zweifel nicht immer möglich. Selbst wenn es

Ihnen möglich ist, so wird es meistens nur mit sehr hohem Aufwand möglich und mit vielen Problemen verbunden sein. Daher sollten Sie sich nicht auf die gesetzlichen Regelungen allein verlassen. Nutzen Sie die Freiheit, vereinbaren zu können, was Sie wollen und eigene Sanktionsmöglichkeiten im Vertrag festzuhalten.

Dabei können unterschiedliche Regelungen getroffen werden: Vereinbartes sollte aber aufeinander abgestimmt sein und sich nicht gegenseitig widersprechen. Auch sollte der Eintrittsfall exakt bestimmt werden, also wann genau Schlechtleistung feststeht. Beachten Sie auch hierbei eine klare sprachliche Gestaltung.

Im Folgenden einige typische Beispiele für Sanktionsregelungen: Die Minderungspauschale, die Vertragsstrafe, der pauschale Schadensersatz und die Bonus/Malusregel. Beachten Sie aber, dass eine Geschäftsbeziehung auf Dauer ausgelegt sein sollte, und Partnerschaft im Vordergrund steht. Fairness ist daher ein wichtiges Gebot.

Die Minderungspauschale

Der häufigste Fall sind Minderungspauschalen (sog. Service Level Credits). Diese sind für Sie besonders einfach zu handhaben. Die Pauschale wird einfach bei der Monatsrechnung zum Abzug gebracht. Dabei wird meistens ein Stufenmodell gebraucht, welches eine Minderung im Verhältnis zur Schwere der Schlechtleistung ermöglicht. Besonders schwere Fälle oder Wiederholungsfälle können so eine höhere Minderung verursachen. Allerdings sollte die Minderung prozentual oder absolut begrenzt werden. Dem Dienstleister sollte vorbehalten sein, der Minderung ganz oder teilweise zu widersprechen. Er muss dann nachweisen, dass die Wertminderung nicht oder in wesentlich geringerer Höhe als die Pauschale vorhanden ist. Die Pauschale sollte auch nicht die gewöhnliche Wertminderung übersteigen.

Die Vertragsstrafe

Ebenso günstig ist die Vertragsstrafe für Sie. Diese wird für den Fall vereinbart, dass bestimmte Service Levels nicht erreicht wurden. Ohne den Nachweis des Verschuldens kann hier ein Schadensersatz geltend gemacht

werden. Es muss nicht einmal ein reeller Schaden entstanden sein. Es empfiehlt sich aber, in diesem Fall von einer Regulierung im Rahmen der Vertragsstrafe abzusehen, wenn Sie mit dem Dienstleister weiter zusammenarbeiten wollen. Belasten Sie die Geschäftsbeziehung nicht unnötig, aber
das gilt nicht nur in der I T. Des Weiteren können Sie auch noch weiteren
Schadensersatz geltend machen (wobei die Vertragsstrafe darauf allerdings
angerechnet wird), und natürlich gilt dies nur, wenn nichts anderes vereinbart wurde. Darüber hinaus ist die Vertragsstrafe auch ein Druckmittel.
Sie können den Dienstleister so zur Erfüllung bestimmter Positionen zwingen.

Der pauschale Schadensersatz

Zwar ist der pauschalisierte Schadensersatz der Vertragsstrafe sehr ähnlich,
aber er dient anders als die Vertragsstrafe in erster Linie der Beweiser-
leichterung. Sie müssen nicht einen konkreten Schaden nachweisen. Diese
Sanktion ist sicherlich dienstleisterfreundlicher. Der Dienstleister ist sich
über die vereinbarte Schadenssumme sicher und erhält so Kalkulationssi-
cherheit. Das schlägt sich auch wieder in der Preisgestaltung nieder, die
dann wieder für Sie als Auftraggeber günstiger wird. Sie können den Schadensersatz nur verlangen, wenn Ihnen tatsächlich ein Schaden entstanden
ist, Sie müssen nur die Höhe nicht mehr nachweisen, sondern nur, dass
Ihnen überhaupt ein Schaden entstanden ist.

Die Bonus/Malus Regelungen

Wenn Sie durch eine besonders schnelle und gute Leistung einen Mehrwert für Ihr Geschäft erhalten, dann sollten Sie über diese Möglichkeit
nachdenken. Im Prinzip ist dies eine pauschalisierte Minderungsmöglich-
keit verbunden mit einem Gebührenzuschlag für den Fall, dass der Dienstleister außerordentlich gut arbeitet. Dies ist aber auch dann interessant,
wenn Sie den Dienstleister anspornen wollen, besonders guten Service zu
leisten und Sie bevorzugt zu behandeln. Leider wird diese Möglichkeit noch
viel zu selten genutzt, obwohl Sie eine leistungsgerechtere Preisgestaltung
ermöglicht.

Außerordentliche Kündigung

Und schließlich sollten Sie auch die außerordentliche Kündigung als letztes Mittel bedenken, wenn selbst die Sanktionen leer liefen. Dabei sollten die Bedingungen klar und unmissverständlich definiert werden. Grobe und wiederholte Verstöße sollten ein Kündigungsrecht begründen.

19.5. Kontrolle

Natürlich muss ein S L A auch kontrolliert werden; sonst wäre er sinnlos. Daher müssen auch Regelungen zur Überprüfung des S L As getroffen werden. Die Überwachung bezeichnet man als „Service Level Management". Sie sollte bei größeren Verträgen durch ständiges Kontrollieren (Monitoring) und Nachverfolgen aktuell erbrachter Leistungen (Tracking) passieren. Ergänzen kann man diese Regelungen mit einer Berichtspflicht an Sie (Reporting). Sie sollten sich auch das Recht einräumen, die Überwachung zu kontrollieren und – wenn die Leistungen außer Haus erbracht werden (zum Beispiel zentraler Helpdesk beim Dienstleister) – die Betriebsstätte zu untersuchen (Auditing). Die Maßnahmen sollten genau definiert werden und auch die Messverfahren und Zeiträume. Die Zeiträume sollten so gewählt sein, dass man Zeiten mit geringer und mit hoher Beanspruchung hat. Ähnlich wie oben schon erwähnt: Spitzen und Urlaubszeiten sind Extreme, die Stärken und Schwächen offenbaren können.

Die Ergebnisse des Monitoring und Tracking sollten regelmäßig an Sie berichtet werden. Bei größeren Verträgen ist dabei durchaus ein monatlicher Report üblich, in kritischen Bereichen auch in kürzeren Intervallen (bis zu mehrmals täglich). Grundlage dazu können schon die Statistiken eines Ticketsystems sein. Die einzelnen Werte sollten aber in aussagekräftige Kennzahlen übertragen werden, damit Sie auf einen Blick die Erfüllung der Service Levels erkennen können. Die Kennzahlen sollten daher vorher vereinbart werden; im besten Fall wird ein Beispielbericht referenziert. Die Kostentragung für die Kontrolle muss selbstverständlich auch vereinbart werden. Sollte der Dienstleister die Kosten tragen müssen, verteuert sich der Vertrag entsprechend, ebenso wie bei ausdifferenzierteren Services.

Abseits der Kontrolle des S L As sind Umfragen (Surveys) der Nutzer sehr empfehlenswert. Denn auch die Softskills zählen. Wie freundlich war der I T-Supporter? Hat er sich durch Mitdenken hervorgetan? Kamen von ihm

Verbesserungsvorschläge? Auch hier gilt: Mehrmals im Jahr zu unterschiedlichen Zeiten. Denn naturgemäß gibt es verfälschende Einflüsse. Diese Daten helfen Ihnen bei der nächsten Vertragsverhandlung und geben Ihnen Argumente an die Hand. Es kommt nicht nur darauf an, ob, sondern auch wie ein Problem gelöst wurde.

20. Headcounts

Im Gegensatz zu einem S L A, der mehr oder weniger detailliert regelt was wie und wo zu geschehen hat, gestaltet sich ein Vertrag auf Basis von Headcounts vergleichsweise simpel.

Sie messen Ihren Dienstleister nicht mehr daran, wie viel Anfragen er pro Kategorie und Zeiteinheit bewerkstelligen kann, sondern Sie schätzen Ihren Bedarf selber ab und mieten einfach nur Personal (so genanntes Bodyleasying), das dann gemäß Ihrer Vorgaben die anfallenden Arbeiten erledigt.

Auch eine Regelung über Headcounts hat Ihre Besonderheiten, die wir kurz darstellen wollen.

20.1. Qualifikation

Bei Headcounts ist es sehr wichtig, dass Sie definieren, welcher Qualifikationsstufe die jeweiligen Mitarbeiter entsprechen müssen, denn Ihr Dienstleister liefert keine Leistung mehr, sondern Personen – und das können im Extremfall zwar ausreichend viele, aber nur gering qualifizierte Platzhalter sein, die Ihnen nichts, aber auch gar nichts nützen bei Ihrem Bestreben, Ihre I T produktiv zu erhalten.

20.2. Personal und Vertretungen

Üblicherweise wird vereinbart, dass der Dienstleister „Supporter" liefert, aber nicht *welche* das sind. In der Regel interessiert Sie das auch nicht, sofern denn die Qualifikation stimmt. Es kann aber Ausnahmen geben, wenn Sie mit einem bestimmten Supporter schon lange zusammenarbeiten und sicherstellen wollen, dass er Ihnen erhalten bleibt.

Bedenken Sie dabei aber, dass Dienstleister Ihnen solche Key Heads nicht zum regulären Standardpreis überlassen werden, denn offensichtlich ist die spezielle Person für Sie ein Mehrwert, und den gilt es zu entlohnen. Meistens binden Dienstleister Ihre Key Heads nicht gerne an einen bestimmten Kunden, weil diese „Gurus" und „Scotties" überall einsetzbar sind.

Sie haben darüber hinaus die Wahl, ob Sie immer eine definierte Anzahl von Supportern anwesend („on site") haben möchten, oder ob Sie genug Reserve in Ihren Teams haben, um das Fehlen einiger weniger problemlos auffangen zu können. Insbesondere in der Urlaubsphase, in der es naturgemäß meist etwas ruhiger zu geht, kann das erhebliche Einsparungen generieren.

20.3. Zahlungsmodalitäten

Üblicherweise definieren sich die Zahlungmodalitäten pro Zeit und Kopf, Sie zahlen also nur, wenn ein Supporter wirklich da ist, wo Sie ihn haben wollen. Kann Ihr Dienstleister – aus welchen Gründen auch immer – den Headcount nicht korrekt bedienen, verdient er so lange kein Geld, bis er den vertragsgemäßen Zustand wieder herstellt (von eventuell entstehenden Schadensersatzansprüchen einmal abgesehen).

20.4. Qualitätssicherung

Das Personal steht Ihnen zwar zur Verfügung, aber Sie haben keine Problemlösung eingekauft wie beim S L A. Können Ihre Supporter aus Gründen nicht arbeiten, die diese nicht zu verantworten haben, zahlen Sie trotzdem die vereinbarten Entgelte, was bei einem S L A unter Umständen nicht der Fall wäre. Mehrarbeit wird Ihnen der Dienstleister in Rechnung stellen, denn Sie haben Köpfe pro Zeit eingekauft und keine Lösungen.

Trotzdem ist ein Headcount eine lohnende Alternative, denn die Kosten sind niedriger und gleichzeitig pro Zeitraum gedeckelt (es gibt nur endlich viel Zeit, die ein Supporter in Ihrem Unternehmen zubringen kann).

Letztendlich haben Sie aber hier mehr Eigenverantwortung.

Eine Headcount-Lösung wird gerne angestrebt, wenn interne Supportteams ergänzt werden sollen, oder ein Konglomerat aus mehreren Dienstleistern an einer Abteilung beteiligt wird. Diversifikation reduziert die Abhängigkeiten.

Wenn die Risikoverschiebung für Sie eines der Hauptkriterien bei der Entscheidung für einen Einkauf von Helpdeskleistungen ist, dann ist die Headcount-Lösung sicherlich die unattraktivste. Der meist nur 20-30%ige Aufschlag bei S L A s ist hinsichtlich des beträchtlichen Risikos bei Großunternehmen jedenfalls ein Argument für den S L A.

20.5. Vertragsgestaltung

Die Vertragsgestaltung für Headcounts gleicht im wesentlichen der des S L A. Natürlich regeln Sie explizit noch die Qualifikation der Mitarbeiter und die Zahlungsmodalitäten, Sie ersparen sich aber die genaue Definition der Service Level, denn die geben Sie im laufenden Betrieb vor.

20.6. Mischformen

In der Realität werden oft Mischformen vereinbart, zum Beispiel ein S L A, der beinhaltet, dass regulär eine bestimmte Menge von Supportern immer vor Ort sein sollte, auch wenn kurzzeitig weniger Bedarf ist. Solche Regelungen werden gerne getroffen, um für unvorhergesehene Zwischenfälle gewappnet zu sein, denn auch ein sehr guter Dienstleister kann Ihnen eventuell nicht innerhalb von zwei Stunden einen Spezialisten liefern, den er gerade zu einem anderen Kunden geschickt hat.

Headcount-Verträge werden in aller Regeln nicht mit Service Leveln modifiziert.

21. Der richtige Dienstleister

Einen geeigneten Dienstleister zu finden ist unter Umständen schwieriger, als man zuerst meinen mag. Sie können mit einem „kleinen" Anbieter genauso ein Problem haben wie mit einem der „Großen". Wir haben schon führende Anbieter versagen sehen, wo man es nicht vermutet hätte. Und der Kunde, ein Großunternehmen, hatte monatelang keinen Support.

Ebenso können wir von Problemen mit Einzelunternehmern berichten, die – um sich unentbehrlich zu machen – eine Abhängigkeit konstruiert haben. Dafür wurde die gesamte IT nach deren Vorstellungen schleichend umgebaut und mit zahlreichen Programmen verknüpft, die angeblich alles vereinfachen sollten. Tatsächlich haben sie aber nur die Bindung an einen zweifelhaften Unternehmer gebracht. Die von uns geschätzte Dauer bis zur vollständigen Eliminierung aller bekannten Abhängigkeiten betrug 6-8 Monate (was zutraf). Nach weiteren 10 Monaten hatten wir auch die zum Zeitpunkt der Übernahme *nicht* bekannten (in der Überzahl befindlichen und natürlich nicht dokumentierten) Restabhängigkeiten beseitigt.

Es ist also von hoher Wichtigkeit, den richtigen Partner zu finden. Zu den Selektionskriterien können neben dem Preis, der Kompetenz auch Zuverlässigkeit und Erfahrung zählen. Die Größe des Anbieters kann sowohl positive als auch negative Ausflüsse haben: Große Unternehmen neigen zu höheren Preisen und weniger Spezialisierungen - dafür bieten sie aber einen hohen Grad an Stabilität und (daran muss man ja auch denken) Haftungsmasse. Allerdings haben wir nur selten davon gehört, dass tatsächlich ein solches Unternehmen in Regress genommen wurde.

Kleine Unternehmen können meistens mit geringeren Kosten flexibel auf den Kunden reagieren, passen sich an und stehen auf dem Markt eben weil sie Spezialisten haben. Sie bergen aber die typischen Gefahren kleiner Unternehmen.

Global tätig werden können alle Unternehmen – mal etwas mehr, mal etwas weniger. Die Größe ist dabei nicht immer ein Kriterium. Sie können im Zweifel auch Ihren lokalen Spezialisten in der Welt umher schicken.

Oder er wächst einfach mit Ihnen. Oftmals aber werden Sie, sollten Sie global tätig sein, zentrale Helpdesks einrichten (USA, Europa etc.) und dafür jeweils andere Zulieferer auswählen, weshalb die globale Ausrichtung eines Anbieters nicht derart ins Gewicht fällt.

Konzentrieren Sie sich daher auf die wichtigen Merkmale. Vorneweg steht neben dem Preis vor allem die Kompetenz. Verwenden Sie Ihren SLA (siehe Kapitel 19, SLA) als Voraussetzung, und lassen Sie sich gegebenfalls bei bislang unbekannten Anbietern die Kompetenzen durch Referenzen oder entsprechende Zertifikate nachweisen. Sie können auch eine Testleistung vereinbaren – eine Art Probezeit, wenn Sie so wollen.

Sie sollten auf die nötige Sprachkompetenz Ihres Anbieters achten. Englisch ist im Allgemeinen die Sprache der Wahl für multinationale Konstrukte; man darf darüberhinaus erwarten, dass die jeweilige Landessprache beherrscht wird. Erstaunlicherweise gehört beides nicht unbedingt zum Standard einiger Anbieter.

21.1. Anbieterwechsel

Nach dem Ablauf der Vertragslaufzeit, beziehungsweise einige Monate vorher, müssen Sie über einen möglichen Wechsel nachdenken. Auch wenn der bisherige Dienstleister immer gute Dienste geleistet hat: Der Markt ist ständig in Bewegung, und es könnte einen kompetenteren zum gleichen Preis oder einen gleich guten zum günstigeren Preis geben. Dabei kommen wieder grundsätzlich alle Anbieter in Betracht.

Selbstverständlich haben Sie bei Ihrem bisherigen Anbieter ein großes Maß an Sicherheit. Man kennt sich. Und ein „Neuer" müsste sich einarbeiten – was wieder zu Lasten der Produktivität und der Kosten geht. Das sollten Sie tunlichst beachten. Zwar ist der Grundsatz „Never touch a running system" daher eingängig, aber manchmal kann ein Wechsel trotzdem attraktiver, vernünftiger sein.

Auf eine Gefahr muss man in dem Zusammenhang aber dringend hinweisen: Wenn Sie einen Anbieter mit „Scotty-Effekt" (siehe Seite 79, Scotty-Effekt) haben, dann wird der derzeitige Status unter anderem auf seine Leistung zurückgehen. Das werden Sie im Zweifel nicht ohne weiteres bemerken. Wenn Sie also in der Beschreibung der benötigten Leistungen von „2 Stunden pro Arbeitsplatztausch der Hardware bei Erhalt der Software" ausgehen, dann beruht dieser Wert auf dem Know-How des Anbieters. Ein anderer Anbieter kann unter Umständen das x-fache der Zeit brauchen.

Das birgt Konfliktpotential und damit Reibungsverluste, Kosten und vielleicht auch unlösbare Probleme, denn Sie erhalten ein Angebot über 2 Stunden oder über den Austausch. In beiden Fällen kommt es, wenn die 2 Stunden nur mit dem Know-How des vorherigen Anbieters realisierbar sind, zu Konflikten. Entweder Sie müssen nun mehr bezahlen, denn es waren nur 2 Stunden vereinbart. Oder Ihr Dienstleister schafft es einfach nicht, Sie müssen mit erheblichen Störungen im Betrieb rechnen. Und schließlich könnte auch der Anbieter auf Grund der Erfahrungen im nächsten Jahr teurer werden. So oder so: Sie haben den Schaden. Nicht immer unmittelbar finanziell, aber jedenfalls mittelbar. Rechnen Sie daher immer mit dem Know-How Ihres bisherigen Dienstleisters.

Übrigens: Wenn Ihr Dienstleister sich Automatisierungswerkzeuge erarbeitet, so sind es seine Werkzeuge und *nicht* Ihre. Das sollten Sie bedenken. Es kann daher empfehlenswert sein, einen Anbieter mit der Automatisierung explizit zu beauftragen. Das wird Sie im Zweifel einmalig etwas mehr kosten, aber dafür erhalten Sie die Werkzeuge und können einen Anbieter reibungsloser wechseln.

In der Regel genügt der Wettbewerbsdruck auf den bisherigen Anbieter, damit Sie ein marktgerechtes Angebot zur Vertragsverlängerung erhalten. Laufzeiten von unter einem Jahr sind erfahrungsgemäß für alle Beteiligten nicht gut. Und ein jährlicher Wechsel ist auch nicht empfehlenswert. Am besten fahren Sie mit einem sich ständig dem Wettbewerb anpassenden Anbieter. Aber behalten Sie die Alternativen im Auge.

21.1.1. Ausschreibung

Um die Angebote von den Anbietern zu erhalten, sollten Sie die Leistung ausschreiben. Dabei können Sie in einem offenen Verfahren vorgehen. Zum Beispiel durch Nutzung entsprechender Plattformen, wie die einschlägigen im Internet. Allerdings sollten Sie dann mit einem aufwändigen Selektionsprozess rechnen. Es gibt immer wieder Anbieter (auch bei den ganz Großen), die Leistungen anbieten, die sie derzeit eigentlich nicht anbieten können. Meistens, weil ihnen die entsprechenden Mitarbeiter (noch) fehlen. Dieses unschöne Verhalten ist leider nicht selten in der Branche. Wir haben sogar schon einen Mitbewerber in einer Ausschreibung gefunden, der tatsächlich bei einer Internetstellenbörse die Ausschreibung des Kunden 1:1 übernommen hatte, um die noch fehlenden Mitarbeiter zu finden. Das kann Ihnen aber auch beim geschlossenen Verfahren passieren. Hierbei wenden Sie sich an die „üblichen Verdächtigen" – also die Unternehmen, die bereits seit Jahren an Sie verkaufen wollen, und mit denen Sie daher bereits in Kontakt stehen.

Und/oder die Anbieter, die Sie von sich aus direkt ansprechen und zur Angebotsabgabe auffordern. Die Selektion findet also im Vorfeld statt. Beides hat seine Vor- und Nachteile. Im offenen Verfahren könnten Sie bislang für Sie völlig Unbekannte entdecken. Sie müssen aber mit einer starken Nachbearbeitung rechnen. Im geschlossenen Verfahren ist die grobe Selektion passiert, und Sie haben einen überschaubaren Rahmen.

21.1.2. Angebotsverfahren

Sie können auf die alt hergebrachte Methode Angebote einfordern oder aber mit einer Rückwärtsauktion den Preiskampf entfachen. Eine Liste von Ausschreibungsportalen und Rückwärts-Auktionsplattformen (zum Beispiel Covisint[1]) finden Sie zum Beispiel in der Wikipedia[2].

Allerdings ist der Preis eben nicht alles, und die Selektion muss bei einer Rückwärtsauktion sehr gewissenhaft im Vorfeld passiert sein. Lassen Sie generell nur Anbieter zu, die Ihnen im Vorfeld schriftlich zusichern, dass sie entsprechend ausgebildetes Personal und bereits Erfahrungen in dem Bereich haben. Vermeiden Sie Anbieter, die kurzfristig neues Personal einstellen, um Ihrem Bedarf gerecht zu werden. Denn so tragen Sie ein nicht unerhebliches Risiko: Und das wollten Sie ja gerade nicht!

Es kann für kleine Unternehmen gegebenenfalls Sinn machen, ohne vorherige Selektion auszuschreiben und eine Rückwärtsauktion auf einer der weniger spezialisierte Plattformen wie My-Hammer.de[3] zu initiieren. Dann müssen Sie aber intensiv nachbearbeiten und vielleicht auch den Gewinner der Auktion ablehnen, wenn er Ihnen gar nicht zusagt. Auf diese Art und Weise bekommen Sie aber einen Überblick, wer überhaupt bereit und in der Lage ist, Ihren Bedarf abzudecken. Achten Sie bei der von Ihnen genutzten Plattform aber peinlich darauf, dass Sie den Auktionsgewinner auch im Nachhinein noch ablehnen können.

---

[1] http://covisint.com/
[2] http://de.wikipedia.org/wiki/Ausschreibungsdatenbank
[3] http://my-hammer.de/

In jedem Fall empfiehlt sich ein Nachfassen der Angebote. Also ein „Ausspielen" der Favoriten. Natürlich sollte man es nicht übertreiben, aber einmal sollte das funktionieren. Bleiben Sie aber bei allem immer fair. Auch wenn Sie oftmals das Gefühl haben so keinen „Blumentopf" zu gewinnen – aber auch Ihre Anbieter sind Menschen und reagieren auf Sie. Die Verhandlungen laufen für alle Teile besser, wenn eine positive Grundstimmung vorhanden ist, und ein konstruktives Klima die Gespräche beherrscht.

21. Der richtige Dienstleister

21. Der richtige Dienstleister

Teil VI.

Sonstiges

In diesem Teil des Buches wollen wir einige Aspekte kurz ansprechen, die sich nicht so ohne weiteres einem der anderen Teile zuordnen lassen. Sie würden gegebenenfalls als Fremdkörper wirken, weshalb wir sie hierhin auslagern.

22. Replacement

Das Replacement, also der Austausch von Hardware gegen andere, wird immer wieder vorkommen. Leasingzeiten sind gegebenenfalls abgelaufen, oder Sie benötigen für neue Softwareprodukte neue Hardware, oder die Lebenszyklen sind statistisch und buchhalterisch einfach um, und es lohnt sich nicht mehr, die „alten" Systeme weiter zu benutzen, weil die Reparaturkosten den Nutzwert mindern.

Vollzieht sich der Austausch in Ihrem Unternehmen nach Bedarf und in geringen Größenordnungen, wird es ausreichen, beim Computerhändler Ihrer Wahl entsprechende Angebote anzufordern und von den Technikern auch gleich den Aufbau durchführen zu lassen. Betreuen Sie aber ein größeres Netzwerk, müssen gegebenenfalls viele Hardwareeinheiten in sehr kurzer Zeit ausgetauscht werden. Dies sollte nach Möglichkeit so geschehen, dass Ihre Benutzer nicht allzu sehr in ihrer Arbeit behindert werden. Deshalb passieren größere Replacements (wie auch Umzüge von Hardware im Allgemeinen) gerne an Wochenenden oder nach Dienstschluß der normalen Belegschaft.

Um hier einen optimalen Ablauf zu erreichen, benötigen Sie qualifiziertes Helpdeskpersonal, da nur dann gewährleistet ist, dass alle Strukturprobleme (die immer wieder auftreten) zeitnah gelöst werden können.

Es macht wenig Sinn, für ein Replacement vermeintlich günstigere Anbieter ins Boot zu holen, die aber mit dem Netzwerk, den Daten, der Software und vielleicht mit Besonderheiten von bestimmten Benutzergruppen nicht vertraut sind. Dadurch verlieren Sie Zeit, und die ist bei einem Replacement meistens eher knapp bemessen.

Die nachstehende Grafik verdeutlicht schematisch den Ablauf eines Replacements, wie er eigentlich sein sollte. In der Praxis zeigt sich, dass einzelne Punkte zusammengefasst werden oder auch auslassbar sind, je nach dem wie Ihre Ansprüche sind.

Wir haben verschiedene Erfahrungswerte in Umgebungen aller Größenordnungen und Komplexität gesammelt. So kann unter Umständen in einer standardisierten UNIX-Großumgebung ein eingespieltes Team von 2 Administratoren und 4 Transport-Teams zu je 2 Mann durchaus an einem Wochenende etwa 40 bis 60 Arbeitsplätze vollständig umrüsten, was dann ungefähr (siehe analog auch Grafik) so abläuft:

- Identifikation der auszutauschenden Hardware an den jeweiligen Arbeitsplätzen, das wird zum Beispiel von einem Ihrer Dienstleister (respektive Ihrem Helpdeskpersonal) und einem Verantwortlichen für die Hardware geschehen.

- Vorarbeiten absolvieren, zum Beispiel müssen neue Namensetiketten für die neuen Rechner gedruckt werden. Liegen schon Seriennummernlisten vor, kann eine eindeutige Zuordnung der Namen in einer so genannten Asset-Database (Bestandsverwaltung) erfolgen, was schon einen guten Teil der Dokumentation darstellt. Dann muss die notwendige Infrastruktur vorbereitet werden, gegebenenfalls werden Schlüssel für bestimmte Räume benötigt, oder Netzwerke müssen noch etabliert werden.

- Während der Installationsphase bekommen die neuen Rechner das Betriebssystem und/oder die für Ihren Betrieb relevanten Programme und Daten aufgespielt. Vor der anschließenden Austauschphase werden noch Datenbestände vom alten auf das neue System kopiert.

- In der nun folgenden Austauschphase wird das alte System abgebaut und das neue auf dem Arbeitsplatz aufgebaut. Die alten Rechner, Monitore, Tastaturen, etc. werden an einem zentralen Punkt gesammelt und einer wie auch immer gearteten Entsorgung zugeführt; das kann die Leasing-Rückgabe an den Hersteller oder der Verkauf an Mitarbeiter etc. sein.

- Natürlich muss darauf geachtet werden, dass keine Daten Ihr Unternehmen verlassen, deshalb müssen die Festplatten gelöscht werden – üblicherweise mit bestimmten Verfahren, die eine Datenreproduktion entweder hinreichend erschweren oder unmöglich machen.

- Der gesamte Prozess wird vollständig dokumentiert, auch die Transport-Teams müssen Checklisten ausfüllen, ob der Rechner aufgebaut werden konnte, ob das alte System an die vorhergesehene Stelle gebracht wurde und so weiter.

In wenig standardisierten Umgebungen kann unter Umständen trotz höherer Personenzahl der Durchsatz geringer sein. Standards erleichtern beim Replacement die Arbeit immens. Je geringer der Arbeitsaufwand in einem Arbeitsschritt ist, desto mehr Replacements können pro Zeiteinheit absolviert werden. Entfallen zum Beispiel die Datenkopie und das Einsammeln der alten Systeme, sind ohne Schwierigkeiten auch 100 Arbeitsplätze pro Wochenende machbar. Immer vorausgesetzt Ihr Anbieter verfügt über die entsprechende Fähigkeit, massiv parallel zu arbeiten, und die Bedingungen sind entsprechend optimal.

Es mag sich lohnen, die alten Computersysteme von einer anderen Firma einsammeln zu lassen, die weniger qualifiziert arbeiten muss als die Supporter, die neue Systeme konfigurieren und aufbauen. Der Durchsatz kann sich durch eine solche Arbeitsteilung erhöhen, es setzt aber voraus, dass keine Datenkopie zum Zeitpunkt des Replacements selber mehr nötig ist. Dies ist zum Beispiel bei stark zentralisierten Umgebungen möglich, bei denen auch die individuellen Benutzerdaten auf zentralen Servern gespeichert werden.

Je nach Betriebsystem und Datenstruktur sind die Möglichkeiten bei einem Replacement sehr verschieden und müssen individuell analysiert werden.

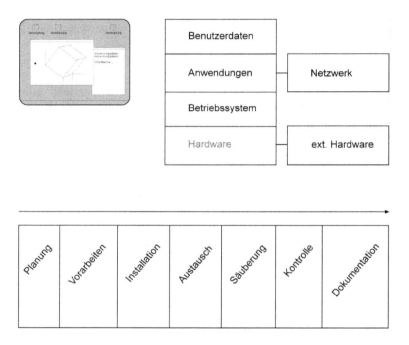

Abbildung 22.1.: Replacement, Ablauf

23. IT Service Management

> „I T S M (IT Service Management) bezeichnet die Gesamtheit von bewährten Maßnahmen (Best Practice) und Methoden, die nötig sind, um die bestmögliche Unterstützung von Geschäftsprozessen durch die I T-Organisation zu erreichen.
>
> I T S M beschreibt den Wandel der Informationstechnik in Richtung Kunden- und Serviceorientierung. Von Bedeutung ist die Gewährleistung und Überwachung von I T Services. Auf diese Weise kann kontinuierlich die Effizienz, die Qualität und die Wirtschaftlichkeit der jeweiligen I T-Organisation verbessert werden." [6]

Übernehmen Sie sich aber mit I T S M nicht. Man kann alle Prozesse auf die Spitze treiben und somit das Arbeiten unmöglich machen. Je größer Ihr Unternehmen ist, desto eher werden Sie mit zum Teil internationalen Standards auch an anderer Stelle arbeiten. Diesen werden wir hier natürlich nicht gerecht, dafür gibt es hervorragende Literatur (siehe auch Literaturverzeichnis), die in aller Ausführlichkeit die Prozesse und Theorien beschreibt. Für kleinere Unternehmen mag es ein Anreiz sein, sich die „großen" Standards in der I T einmal näher anzuschauen und für sich das beste haraus zu ziehen – „Best Practice" eben.

23.1. ITIL

I T I L (I T Infrastructure Library) ist ein Leitfaden zur Unterteilung der Funktionen und Organisation der Prozesse, die im Rahmen des serviceorientierten (im Gegensatz zum technologieorientierten) Betriebs einer I T-Infrastruktur eines Unternehmens entstehen, dem so genannten I T Service Management. I T I L ist in I S O 20000 definiert.

I T I L ist kein fester Standard, vielmehr werden alle Ansätze, die sich als praxistauglich heraus kristallisiert haben, auf den kleinsten gemeinsamen

Nenner herunter gebrochen, um sie auch für andere Einheiten und Prozesse nutzbar zu machen (Best Practice). Es wird dabei nur definiert *was* zu tun ist – jede Abteilung oder Business-Einheit wird selber am besten wissen, *wie* das im konkreten Fall und nach den jeweiligen Bedürfnissen am besten zu geschehen hat.

Sie bekommen mit ITIL keine exakten Methoden, sondern lediglich allgemeine Verfahrensanweisungen, die naturgemäß Ungenauigkeiten mit sich bringen. Für die Definition von Verfahren für Outsourcing im Helpdesk-Bereich ist das Verfahren aber geradezu prädestiniert, weil es variabel genug ist, um Ihrem Dienstleister allen nötigen Entfaltungsspielraum zu geben und gleichzeitig die nötigen Prozesse nach Ihren Vorgaben praxistauglich definiert.

Wenn Sie Ihr IT Service Management mehr und mehr standardisieren möchten, empfehlen wir Ihnen einen Blick auf ITIL zu werfen. Ein guter Einstiegspunkt ist auch hier wieder die Wikipedia[1].

23.2. Qualitätssicherung

Immer dann, wenn Sie etwas nicht selber kontrollieren, ist es unerlässlich, die dort „produzierten" Ergebnisse zu analysieren und stets im Blick zu behalten. Das gilt für die Produktion von Waren ebenso wie für Dienstleistungen.

Es gibt viele Möglichkeiten der Qualitätssicherung und des Qualitätsmanagementes im allgemeinen. Sie müssen die nutzen, die für Sie am vorteilhaftesten sind. Exemplarisch sei hier kurz „Six Sigma" erwähnt, das seit den 80er Jahren Einzug in mehr und mehr Unternehmen hält.

Verstehen Sie uns nicht falsch, wir stehen nach wie vor auf dem Standpunkt, dass man bei der Umsetzung eines Helpdesks nicht alles ins Kleinste ausrechnen muss. Sehr wohl benötigen Sie aber standardisierte Verfahren zur Messung des Erfolges eines Dienstleisters.

> „Six Sigma (6 σ) ist eine Methode des Qualitätsmanagement, um einen möglichst fehlerfreien Prozess zu erreichen. Die internationalen Standards (wie ISO 9000ff) beschreiben die Anforderungen, *was* umgesetzt werden muss, Six Sigma bietet Werkzeuge, *wie* es geschehen kann.

---

[1] http://de.wikipedia.org/

Six Sigma setzt insbesondere auf eine Analyse des Ist-Prozesses, um die für den Prozess wichtigen Parameter, Fehlermöglichkeiten und Prozesskennzahlen zu erkennen und einer objektiven statistischen Analyse zugänglich zu machen. Die Nachvollziehbarkeit bei der Analyse, der Entscheidungsfindung und beim Nachweis des Projekterfolges nimmt bei Six Sigma besonderen Stellenwert ein."

So definiert die Wikipedia Six Sigma [6, Six Sigma] und damit ist schon fast alles gesagt. Six Sigma bietet Ihnen Möglichkeiten der Kontrolle von Prozessen nach statistischen und wohldefinierten Verfahren. Wenn Sie im großen Rahmen Outsourcing betreiben, werden Sie um eine Qualitätskontrolle nicht herumkommen. Ob das dann unbedingt Six Sigma sein muss, sei dahin gestellt, aber es ist eines der etablierten Werkzeuge.

24. Gesundheit

Wie in jedem Betriebsbereich gilt auch für die IT, dass Sie die Gesundheit Ihrer Mitarbeiter stets im Auge behalten. Die meisten Menschen gehen davon aus, dass sich in der IT ohnehin niemand „kaputt arbeitet", aber neuere Untersuchungen zeigen das genaue Gegenteil. Das Wissenschaftszentrum Nordrhein-Westfalen (Institut Arbeit und Technik) hat in seiner Studie aus dem April 2006 festgestellt, dass die Arbeit in der IT alles andere als gesund ist [8].

Auch wenn Sie eine Fremdfirma beauftragt haben, sperren Sie die vermeintlichen „Freaks" nicht in ein ausgedientes Büro, in dem sonst niemand mehr arbeiten will. Funktionsfähige Büromöbel sind ebenso für ein ergonomischen Arbeiten entscheidend, denn ein Supporter mit Nackenschmerzen ist definitiv nicht so leistungsfähig, wie er sein sollte, um Ihnen optimal zu helfen.

Behandeln Sie Supporter einfach nicht anders als andere Mitarbeiter auch, denn dort achten Sie sicherlich peinlich darauf, dass nicht wegen untauglicher Arbeitsbedingungen jemand ausfällt, denn das kostet Sie Geld.

Erschwerend kommt hinzu, dass IT-ler (insbesondere die Sorte, die gerne als „Freaks" bezeichnet wird) oft genug ohnehin schon recht ungesunde Lebensgewohnheiten haben, was nicht selten an den Nicht-Standard-Arbeitszeiten liegt – man kann bestimmte Arbeiten nur ausführen, wenn die Benutzer nicht mehr da sind. Dann hat auch keine Kantine und kein Supermarkt mehr geöffnet, dann greift man auf Fastfood und den Pizzadienst zurück. Sie werden dieses Verhalten nicht ändern können, aber Sie können verhindern, dass es schlimmer als nötig wird.

24. Gesundheit

Teil VII.

Anhang

OpenSource Software

Apache

Apache[1] ist *der* Webserver im OpenSource Bereich. Er läuft auf mehreren Plattformen, ist leistungsfähig und bietet alle Funktionen, die man benötigt. Es gibt viele Module und Konfigurationsmöglichkeiten.

MySQL

MySQL[2] ist unsere erste Wahl bei OpenSource Datenbanken. Viele favorisieren Postgres, aber wir sind der Meinung, MySQL ist verbreiteter und besser zu administrieren. Mögliche Performance-Engpässe sind zwar bei anderen Produkten seltener, aber wenn Sie die Datenbank hauptsächlich für administrative Zwecke nutzen, ist das sekundär.

php

Von vielen verteufelt, von vielen geliebt. php[3] ist eine Scriptsprache, die es sehr schnell und einfach ermöglicht, web-basierte Programme zu entwickeln, da html direkt eingebettet werden kann und eine Menge vordefinierter Funktionen zur Verfügung stehen. Eigentlich immer eine gute Wahl, wenn es um Benutzerschnittstellen im Web geht.

---

[1] http://apache.org/
[2] http://mysql.org/
[3] http://php.net/

perl

Das Arbeitstier in der EDV schlechthin. Jede Art von String- oder Listenverarbeitung ist mit perl[4] relativ simpel zu bewerkstelligen, 2nd und 3rd Level Administratoren werden perl gerne einsetzen, um kleine Hilfsprogramme zu schreiben.

perl ist als interpretierte Sprache (im Gegensatz zu compilierten wie zum Beispiel C) schneller in der Entwicklung und bietet mehr Möglichkeiten, ohne großen Zeitaufwand ein dringend benötigtes Hilfsprogramm zu programmieren. Durch ein breites Spektrum an Modulen, die andere nette Menschen bereits entwickelt haben, reduzieren sich auch komplexe Programme auf ein Minimum Erstellungsaufwand.

Nagios

Nagios[5], vormals „netsaint" ist ein komplexes Programmpaket zur Netzwerküberwachung. Über verschiedene Module (zum Beispiel zum SNMP-Monitoring von Switchen) können alle benötigten Überwachungsaufgaben gelöst werden. In einem übersichtlichen Menü werden den Administratoren Fehler und Probleme aufbereitet angeboten, mit Hilfe solcher Tools kann man problemlos den Überblick über mehrere tausend Maschinen behalten.

Es gibt kommerzielle Produkte, die das auch tun; die sind zwar leistungsfähiger und haben ausgefeiltere Möglichkeiten, Scripte zu entwerfen (zum Beispiel Tivoli oder OpenView), aber sie sind sehr teuer und Sie benötigen speziell geschultes Personal.

CUPS

Das „Common UNIX Printing System" [6] ist eine kostengünstige Alternative zu teuren Printservern. Für jeden Drucker können spezifische PPD-Files (hier werden die Fähigkeiten des jeweiligen Drucker definiert) hinterlegt werden, die Sie meist schon vom Hersteller auf CD-ROM erhalten haben.

---

[4]http://perl.org/
[5]http://nagios.org/
[6]http://cups.org/

Bugzilla

Bugzilla[7] ist das beste OpenSource Bugtracking-System (also eher was für Entwicklungsabteilungen), das Sie finden können (unserer Meinung nach). Es bietet hervorragende Möglichkeiten zur Auswertung der übermittelten Fehler und der daran arbeitenden Entwickler, auch für mehrere Projekte, Unterprojekte, Benutzergruppen etc.

Es ist zwar kein Ticketsystem im klassischen Sinne, aber wenn Sie zum Beispiel selbst entwickelte Systeme zu verwalten haben, ist das die beste Schnittstelle zur Problemerfassung und dem zugehörigen Reporting.

Groupware

Zur Koordination von Benutzern im Hinblick auf Termine, Kalender, Email etc. sind Groupware-Lösungen immer wieder gefragt. Sie vereinen komplexere Applikationen wie Kalender, Web-Email, Notizen- und Adressverwaltung unter einer einheitlichen Oberfläche. zum Beispiel Exchange ist so eine Groupware, die aber leider viel Geld kostet. Es gibt Dutzende von freien Lösungen - eine davon schlechter als die andere, und selten wird eine einzige alle Ihre Bedürfnisse stillen. Sie haben grundsätzlich dann die Möglichkeit, professionellen Support dafür vom Anbieter einzukaufen (die Software kostet nichts, aber die Dienstleistung), was immer noch günstiger ist als die meisten kommerziellen Systeme, oder Sie wählen ein System, das so offen ist (zum Beispiel unter Verwendung von Apache, MySQL, php/perl), dass Ihre Administratoren selber etwas erweitern können.

Geben Sie den Kollegen vom Support Ihr Anforderungsprofil und lassen sich verschiedene Demos zeigen, Sie werden sicher fündig werden. Mit einer Groupware ist die Koordinierung Ihrer Helpdesks sehr einfach, und meist verfügen diese sogar über ein rudimentäres Ticketsystem, das für interne Helpdesk-Belange absolut ausreicht. Alle Ihre (zum Teil unbedarften) Benutzer sollten Sie aber nicht dort einzwängen, bieten Sie ihnen eine seperate Ticketsystem-Lösung im Intranet an.

---

[7] http://www.bugzilla.org/

OTRS

Das „Open source Ticket Request System" [8] ist eines der größten freien Trouble-Ticket-Systeme. Es sei hier nur exemplarisch genannt, aber mit ziemlicher Sicherheit löst es Ihre Probleme.

Samba

Samba[9] verbindet Ihre IT-Welten. Es läuft zum Beispiel auf UNIX, bietet Ihren Windows-Systemen aber klassische Netzwerklaufwerke an - normalerweise merken Ihre Windows-Maschinen gar nicht, dass sie von einem Fremdsystem bedient werden.

In Kombination mit pfiffigen Helpdesks können hiermit ganze Resource-Datenbanken für Druckertreiber, automatischen Installationsroutinen und Virenscanner (natürlich auch kostenlos) etabliert werden. So haben die Autoren schon mehrfach mittels samba Netzwerklaufwerke von Windows-Servern importiert (auch in diese Richtung funktioniert das!) und dann mit OpenSource-Lösungen einen kompetenten Virenscan durchgeführt (ClamAV[10]).

Ab Version 3 ist es (mit einem Zusatzpaket) möglich, auch replizierende WINS-Server über Samba zu realisieren. Oftmals war ausschließlich diese WINS-Replikation ein Grund, um kostenpflichtige Windows-Server einzusetzen, mit Samba ist auch dieser Bereich durch OpenSource erschlossen.

amanda

amanda[11] ist eine Backupsoftware, die selbst für große Umgebungen leistungsstark genug ist. Sie basiert auf einem Client/Server-Modell, das heißt auf jedem zu sichernden Client (es werden verschiedene Betriebssysteme unterstützt) läuft ein Programm, dass die zu sichernden Daten einem Server übermittelt (wobei diese Übermittlung auch verschlüsselt sein kann). Dabei kann amanda mit den verschiedensten Bandlaufwerken und Bandrobotern umgehen und bietet umfassende Konfigurationsmöglichkeiten.

---

[8] http://otrs.org/
[9] http://samba.org/
[10] http://clamav.net/
[11] http://amanda.org/

Linux

Linux[12] als frei verfügbares Betriebssystem ist schon längst den Kinderschuhen entwachsen und stellt eine ideale Plattform für Ihre Administratoren dar. Die bisher genannte Software können Sie zwar zum Teil auch auf Windows-Systemen installieren, aber unter Linux bieten sich Ihnen deutlich mehr Möglichkeiten, zum Beispiel auch ohne großen Zeitaufwand eine kleine Firewall aufzusetzen. Ein einfaches Basisregelwerk ist in 2 Minuten definiert und schützt zum Beispiel eine Enklave gegen unautorisierten Zugriff, während sichergestellt ist, dass zum Beispiel nur Emails die Barriere überwinden dürfen.

Entscheidet man sich für eine etablierte Distribution (zum Beispiel SuSE[13], RedHat[14] oder Debian[15]) erhält man ein gut strukturiertes System mit vielen Update- und Installationsmöglichkeiten. Die Zeiten, in denen man jedes benötigte Paket selber compilieren musste, sind vorbei, komfortable Paketverwaltungen machen die Administration dieser Systeme simpel und zeitsparend.

Für reine Arbeitsplatzrechner bestehen unter Umständen andere Ansprüche, insbesondere an die einfache Installation. Hier sollten Sie einen Blick auf Ubuntu[16] werfen. Ubuntu basiert auf Debian und ist auch für den Laien leicht installiert. Es enthält alle Funktionen, die ein Standard-Büro-Rechner braucht.

DokuWiki

Nur eines von vielen kleinen und handlichen Systemen, mit denen man Dokumentationen schreiben und gleichzeitig der breiten Masse der User zur Verfügung stellen kann [17].

Freshmeat

http://freshmeat.net/ ist eines der größten OpenSource Repositories. Hier finden Sie OpenSource-Lösungen für (fast) jedes Problem. Aber Vorsicht,

---

[12]http://www.linux.org/
[13]http://suse.com/
[14]http://redhat.com/
[15]http://debian.org/
[16]http://ubuntu.com/
[17]http://www.splitbrain.org/projects/dokuwiki/

nicht alles was glänzt ist auch Gold. Testen Sie alles ausführlich, denn einer der Nachteile von OpenSource ist ein fast unkontrollierter Wildwuchs von Programmen, die sehr ähnliche Probleme zum Teil sehr unterschiedlich lösen.

Kommerzielle Software

Kommerzielle Software bietet oft Administration und Systempflege aus einem Guss. Ob Sie für Ihr Unternehmen in Frage kommt, hängt an so vielen Faktoren, dass der Rahmen dieses Leitfadens definitiv gesprengt würde. Halten Sie sich an den gesunden Menschenverstand, und kaufen Sie nur, was Sie wirklich brauchen – nicht das, was gut aussieht.

Die Liste ist, ebenso wie bei OpenSource, weit davon entfernt vollständig zu sein, und sie ist auch nicht ausführlich genug, um allen Produkten gerecht zu werden. Aber mit den erwähnten Systemen haben wir bereits gearbeitet und können (zumindest im Ansatz) eine qualifizierte Meinung abbilden.

Prinzipiell arbeiten fast alle kommerziellen Softwarepakete mit einem zentralen Modell, das heißt es gibt dedizierte Server, die für die Administration zuständig sind und die jeden einzelnen Client, je nach Aufgabe, kontaktieren.

Tivoli

Tivoli[18], die Netzwerkmanagement-Software von IBM. Eine der ganz großen Applikationen der Branche, unglaublich mächtig mit Modulen für wirklich jedes Problem, das Sie sich vorstellen können. Sie benötigen qualifizierte Supporter für dieses Produkt, das kann man definitiv nicht jedem an die Hand geben, die Gefahr ist zu groß, dass unbeabsichtigt Schaden angerichtet wird.

Mit Tivoli verwalten Sie remote-sites, archivieren Daten, steuern Automatismen und erfassen Ihre Infrastruktur (und vieles mehr). Alle bekannten Administrations-Tools von IBM sind hier im Prinzip integriert, aber nicht auf IBM-Plattformen beschränkt.

---

[18]http://ibm.com/software/tivoli/

OpenView

OpenView[19] ist ebenfalls eine der großen Applikationen im Systemmanagement von Hewlett Packard. Es arbeitet auch in heterogeneren Umgebungen als andere Tools. Auch hier gibt es Lösungen für alle erdenklichen Probleme der Administration und Infrastruktur. Ebenso wie Tivoli (was man einsetzt ist mehr eine Geschmacksfrage, denn eine objektive Entscheidung) bietet es eine Lösung, die zwar alles beherrscht, aber auch nur von sehr qualifiziertem Personal hinreichend effizient bedient werden kann.

Ebenso wie Tivoli für IBM bietet OpenView die gesamte Palette der HP-Administrationstools in einer gut integrierten Umgebung an.

Systems Management Server

Mit SMS[20] verwalten Sie Ihr Microsoft-Netzwerk mit allen angeschlossenen Komponenten von einem zentralen Punkt aus. Es bildet eigentlich nur Microsoft-Spezifika ab und sollte somit auch nur in homogenen Windows-Umgebungen eingesetzt werden.

Es gibt eigentlich nichts, was unserer Meinung nach mit SMS machbar ist, mit anderen Systemen aber nicht (zum Beispiel Tivoli oder LANDesk).

Da es reine Microsoft-Umgebungen kaum mehr gibt (außer in kleineren Bereichen, und dort stellt sich die Kostenfrage), lohnt sicherlich ein Blick auf die anderen Anbieter und OpenSource, aber wenn Sie eine hohe Durchsetzung mit Produkten von Microsoft haben, halten Sie unter Umständen Ihre Administrationskosten niedriger, wenn Sie auch die Managementsoftware beim gleichen Hersteller erwerben.

LANDesk

LANDesk[21] bietet einen größeren Funktionsumfang als SMS und beherrscht auch noch einiges mehr, das sicherlich zur Verwaltung von Microsoft-Produkten sinnvoll ist.

---

[19]http://managementsoftware.hp.com/
[20]http://microsoft.com/smserver/
[21]http://landesk.com/

A R S – Action Request System

Diese System der Firma Remedy[22] ist eines der mächtigsten Ticket- beziehungsweise Trackingsysteme, die wir bisher gesehen haben. Alles ist konfigurierbar, fast jede beliebige Datenbank wird für die zentralen Server genutzt, und die Clients bieten vielfältige Möglichkeiten, Daten zu erfassen und zu analysieren. Flexible A P I s machen die Erweiterung einfach.

Wenn Sie eine komplexe Umgebung haben und mannigfaltige Trackingmöglichkeiten benötigen, vielleicht auch noch individuelle Anpassungen und Filter brauchen, dann lohnt ein Blick auf A R S.

---

[22]http://www.remedy.com/

Literaturverzeichnis

[1] Tom De Marco, Timothy Lister
Der Faktor Mensch im DV-Management

[2] Bob Nelson, Peter Economy
Management für Dummies

[3] Craig Gygi, Neil DeCarlo, Bruce Williams
Six Sigma für Dummies

[4] Kirsten Broecheler, Cornelia Schönberger
Six Sigma für den Mittelstand. Weniger Fehler, zufriedenere Kunden und mehr Profit

[5] Katie Hafner, Matthew Lyon
Die Geschichte des Internet

[6] Wikipedia, verschiedene Autoren
http://de.wikipedia.org/

[7] Rüdiger Jungbluth
Die 11 Geheimnisse des IKEA-Erfolges

[8] Institut für Arbeit und Technik, Wissenschaftszentrum NRW
Zwischen Innovation und täglichem Kleinkrieg
http://iatge.de/iat-report/2006/report2006-04.pdf

[9] Deutsche Bank Research
Economics, Nr. 43, 6. April 2004
IT-Outsourcing: Zwischen Hungerkur und Nouvelle Cuisine

[10] Holger von Jouanne-Diedrich
Informationsmanagement, S. 125ff
15 Jahre Outsourcing-Forschung: Systematisierung und Lessons Learned

[11] Bundesverband Informationswirtschaft, Telekommunikation und neue
Medien e.V.
Business Process Outsourcing vom 20. September 2005
http://bitkom.org/

[12] Eric S. Raymond
*The Cathedral & the Bazaar. Musings on Linux and Open Source by
an Accidental Revolutionary*
http://www.catb.org/ esr/writings/cathedral-bazaar/cathedral-bazaar/
http://www.linux-magazin.de/Artikel/ausgabe/1997/08/Basar/basar.htm

[13] Frederick P. Brooks
The Mythical Man-Month
Essays on Software Engineering

[14] Frank Victor, Holger Günther
Optimiertes IT Management mit ITIL

[15] Jochen Sommer
IT-Servicemanagment mit ITIL und MOF

[42] Douglas Adams
Per Anhalter durch die Galaxis
Die ewige Frage nach dem Sinn des Lebens, dem Universum und dem
ganzen Rest. Für Sie die Frage, ob Sie outsourcen oder nicht.

Tabellenverzeichnis

Tabellenverzeichnis

Tabellenverzeichnis

Tabellenverzeichnis

Abbildungsverzeichnis

Abbildungsverzeichnis

Index

Glossar

BPO *Business Process Outsourcing* – Auslagerung von Geschäftsprozessen an externe Dienstleister, Seite 7

FAQ *Frequently Asked Questions* – Eine Sammlung von immer wieder gestellten Fragen mit den zugehörigen Antworten und Lösungsvorschlägen, Seite 24

ISO *International Organization for Standardization* – Internationale Vereinigung der Standardisierungsgremien, Seite 51

ITIL *IT Infrastructure Library* – Leitfaden zur Unterteilung der Funktionen und Organisation, Seite 117

ITPM *IT Policy Manual* – EDV-Grundregelwerk, Seite 51

ITSM *IT Service Management* – Gesamtheit von bewährten Maßnahmen und Methoden zur Optimierung der IT-Organisation, Seite 117

IT *Informationstechnik* – alle Aspekte der EDV; Hardware, Software, Prozesse, Seite x

LAN *Local Area Network* – Örtlich stark begrenztes Computernetzwerk, meist hausintern, Seite 15

MTTR *Meantime to Repair* – mit MTTR bezeichnet man die mittlere Reparaturzeit, Seite 93

NFS *Network File System* – ein Dateisystem, das über ein Netzwerk Daten von mehreren Rechnern allgemein verfügbar macht, Seite 32

Outsourcing *Kunstwort aus: Outside, Resource, Using*, Seite 5